ツケは必ずあなたに回る

政治に無関心な人たちへ

中川 暢三

はるかぜ書房

まえがき

悪政のツケ（財政赤字、負担増、その他直接・間接の損失）は、必ず国民・市民に回される。高齢世代よりも現役世代そして次世代、さらには将来世代へと次第にツケは重くなる。

それでもあなたは政治に無関心でいられるだろうか？

既成政党や既存の政治家たちは、選挙や政治スキャンダルのたびに口では「政治改革」すると訴えるが、政治は一向に良くならない。なぜか？　本気で政治改革をする覚悟と政策と能力のある本物のリーダーが選ばれていないからだ。

各政党は選挙で勝つために、中身よりも容姿が良くて知名度が高く、票を稼げる候補者を擁立する。

有権者の多くが政治に無関心で投票に行かないことと相俟って、まともな政治家が生まれない。

政治の主役である有権者が、政治やまちづくりに積極的に参画しなければ、いつまで経っても政治は良くならない。

私は、長らく会社員として社会経験を積み、自らの経済的基盤を形成し、確かな判断ができるようになってから政策提言活動を始めた。公職に就いて以降は、社会的課題の解決のために、各大学やシンクタンクなどとも研究を重ねてきた。それらの成果を盛り込みながら、尖がった先駆的な政策を掲げ、金を掛けない政策本位の選挙を通して、有権者・市民に有効な選択肢を提供している。

職や地位が欲しくて政治活動を続けている訳ではない。多くの頼りない政治家より、私の方がもっと具体的で先駆的な政策と、それを実現する経営手腕を備えているという自負がある。何より、自己保身でなく自分を無にしても公のために尽くそうとする高い志と強い使命感がある。この先ずっと当選できなくても、政策本位で立候補する人が後に続いてくれれば、という希望を胸にいつも戦っている。

だからこそ、ブレずに、ひたすら信念を貫くことができている。政治の主役であり当事者として、賢い選択のできる有権者が全国に増え、真に優れた政治家が輩出するようになれば、私などはさっさと選挙の世界から引退する。

平成三〇年二月、西宮市内で活動中、私は、阪急西宮北口駅のホームで市立西宮高校の女子生徒らから「ちょうぞうさんですよね？私の両親もファンなんですよ。ちょうぞうさんはタンポポみたいな人ですね。道端で人に踏まれても枯れずに、毎年花を咲かせ、種を周囲に飛ばし続けている。」と言われた。この女子高生の言葉に感激し、彼女の絶妙な表現を借りて、私の提言活動を「たんぽぽ運動」と呼ぶことにした。

近年、とかく軽んぜられている政治理念に私は拘り、無所属・無党派の立場から市民全方位の政策提言活動を続ける愚直な在野の政治家がいることを知って欲しい。本書が、政治に裏切られ続けて政治不信に陥っている人、これから政治を目指す人、地方自治や選挙制度を研究する人など、様々な立場の方々のご参考になれば幸いである。

平成三十一年　一月二十日

中川　暢三

目次

第一章　今、私たちは歴史的な大危機に直面している

●日本は複合危機の真っただ中にある

日本は危機の真っただ中にある。大規模な自然災害の危機があり、国民が考えている以上に日本の経済力や国際的地位は低下の一途を辿っている。少子高齢化と人口減少と財政赤字が同時進行し、年金や医療制度などが今のままでは持続できない段階に来ている（いわゆる二〇四〇年問題）、さらに、国防上の脅威までが押し寄せている。

しかし、最大の危機は政治に危機感がなく、ビジョンやリーダーシップが欠けていることだ。責任ある政党や政治家ならば、これらの事実を広く国民に説明し、早期に解決策を実施して持続可能な仕組みを構築するだろう。残念ながら、彼らは事態を放置し、問題を先送りして、枝葉末節の議論や政争を続けている。他人事のような政治家ばかりでは日本は潰れてしまう。

日本社会は人口の縮小など、行政課題や社会的課題が山積している。これらに新たな発想と技

術や知恵で果敢にチャレンジし解決していくことが大事で、それによって新たなサービスや市場が生まれ、技術開発も進む。私が目指すのは、新しい社会のインフラや仕組みを創ることだ。今の形で良しとするのではなく、常に常識を疑い、より合理的で便利な社会の仕組みを目指していくべきだ。

●大災害は起こるもの　完全防災よりも減災の発想を

近年、全国各地で毎年のように大規模な災害が発生し、多くの人命が失われており、既に日本は「メガ・ディザスターの世紀」に突入しているのかも知れない。大航海時代の盟主ポルトガルが没落したのは、欧州史上最大の自然災害と言われる「リスボン大地震」（一七五五年）とそれに起因する津波や火災などで首都機能が壊滅し、国力が急速に衰えたことが大きい。我が国の歴史を振り返るとそんな時代が一六〇年ほど前にもあった。嘉永小田原地震（嘉永六年、一八五三年）から飛騨地震（安政二年、一八五五年）まで、日本各地で立て続けに地震が発生した。

過去、大地震の後には必ずと言って良いほど、経済恐慌や戦争が起きている。終戦前後の四年間は、鳥取地震（昭和一八年）、昭和東南海地震（昭和一九年）、三河地震（昭和二〇年）、昭和南海地震（昭和二一年）の大地震が連続発生した。昭和東南海地震と三河地震により戦闘機生産が困難となったことで、日本の敗戦が早まったと思われる。

戦後、日本の都市は、結果的に災害を増やす形で発展してきた。東京・大阪・名古屋の三大都市圏に日本の製造業の六割が立地し、海抜ゼロメートル地帯にまで住宅地がぎっしりと建ち並び、大変危険である。

今、震災復興と国土強靭化の名のもとに、被災した東北三県（岩手・宮城・福島）の海岸線五八八カ所に、総延長三九五ｋｍ、最大高さ一五・五ｍの防潮堤が建設され、約一兆三五〇〇億円もの巨費が投じられている。これらは、数十年から百数十年に一度の津波に耐える規格とされているが、こんなにも巨大な防潮堤を建設するより、①高台に新たな街を整備するか、②従前の場所で街を再興するなら、土地を数ｍかさ上げするか、住宅などは中層以上の集合住宅にするべきである。

そもそも、地域全体の地価の総額よりも遥かに高額の防潮堤を建設することに経済合理性はなく、失われた景観は元に戻せない。なぜこんな公共事業がまかり通るのか。ゼロから復興するのだから、都市計画の段階から防災・減災を目指すべきであり、莫大な税金を投じて防潮堤を建設する発想はおかしい。

●日本の国際的プレゼンスは大きく低下している

名目GDPで比較した日本経済の国際的位置づけ〔注1〕は、二〇一〇年に中国に抜かれるなど、ここ一〇年余りで急速に低下している。二〇〇〇年、日本は一四・五％、米国三〇・四％、中国三・六％であったが、二〇一七年、米国の名目GDPは一九兆三九〇〇億ドル（二四％）、中国は一二兆一四〇〇億ドル（一五％）、日本は四兆八七二〇億ドル（六％）だった。日米の経済力格差は拡大し、日中の経済力は全く逆転し、今や、米国の経済力は日本の四倍、中国は日本の二・五倍にまで拡大している。

「世界時価総額ランキング２０１８」（World Stock Market Cap〔注2〕）の上位五〇社には、アップルを筆頭に米国企業が二九社、中国企業が八社あるが、日本企業はトヨタ自動車（三九位）だけだ。

私たちは、日本経済の現状を真摯に受け止め、危機感を持たなければならない。

電子決済・配車アプリ・シェアリングエコノミー・仮想通貨など、日本のソフトインフラは中国に大きく引き離されている。日本は個々には優れた技術を持ちながらも、それを活かす自由な発想力に欠け、行政当局の規制や窓口指導も強く、ベンチャーへの資金供給がまだまだ弱い。規制が緩く、人口が日本の一〇倍の中国では、一旦新しい技術やビジネスモデルが普及し始めると、市場は急拡大する。

好調なインバウンド、東京五輪、大阪万博などを絶好の機会として、日本の産業経済政策や自治体経営のあり方を大きく変える時だが、それを先導すべき政治が旧態依然では、チャンスを生かせない。

●少子高齢化やインフラ老朽化などで国民負担が急増する

増田寛也『地方消滅　東京一極集中が招く人口急減』（中公新書、二〇一四年）に詳しいが、先の日本創成会議の「増田レポート」は、何も手を打たなければ、高齢化がピークを迎える二〇四〇年には、全国約三割の自治体が消滅する可能性を指摘した。少子高齢化、公共施設の老朽化、税収の減少など、多くの自治体が持続困難な状況になってきている。今後、フルセットの行政サービスを自前で行うのは困難になり、人口減少が進む地方では、複数の自治体が連携してサービスを提供したり、民間に任せる仕組みが必要となる。

同じ事業を毎年トレースし、目先の行政運営をするだけなら誰でも首長は務まるだろう。税収が限られ、減収も見込まれる中、過去の借金を減らしつつ、子供たちや将来のために必要な投資もしながら、魅力的で利便性が高く持続可能な自治体に変える。その知恵と情熱と手腕のあるリーダーを選べるか否かで、自治体と住民の命運が左右される。

過去に整備された全国約二〇〇〇カ所のニュータウンで、急激な少子高齢化と施設の老朽化などが進み、急速に「オールドタウン化」している。当時、定住した人たちが現役を退き、外出機会が減ったことなどで、公共交通サービスの縮小や撤退が起こり、通院や買物などが著しく不便になって、住民がさらに減少するという悪循環に陥っている。ニュータウンの多くは丘陵地に切り拓かれたため、坂道が多く高齢者の移動を困難にしている。

公共施設やインフラは年々老朽化が進み、あと一〇年を待たずに多くの自治体では維持費や更新費用すら財源を確保できなくなる。水道事業も、人口減少と水需要の減少、水道施設の老朽化などの問題に直面している。国内約一四〇〇の上水道事業の七割にあたる小規模な水道事業者（給水人口五万人未満）は、スケールメリットを生かせる広域水道化や民間事業者による運営（コンセッションなど）も進めて行かなければ、立ち行かなくなっている。平成三〇年一二月、水道法が改正されたのもその一環だ。

自治体病院では医師が不足し、医業収入も減って、年々赤字が積みあがっている。国民医療費約四〇兆円のうち、約四割に当たる約一五・四兆円が後期高齢者（七五歳以上）医療費であり、その財源の約五割は税金七・三兆円（国：都道府県：市町村＝四：一：一）、約四割は現役世代の保険料からの支援金六・四兆円（国保一・六兆円、健保組合共済二・八兆円、協会けんぽ二兆円）で賄われており、後期高齢者自身が支払った保険料（一・七兆円）は後期高齢者医療費の約一割に過ぎない。〔注3〕

団塊世代が七五歳以上の後期高齢者になる二〇二二～二〇二四年度にかけて、社会保障費は一段と膨張することが予想される。現役世代人口に対する後期高齢者人口の割合は、二〇一五年に約二三％であったものが、二〇六五年には約五四％へと倍増することを考えれば、現役世代に頼った後期高齢者の医療制度は早晩立ち行かなくなるのは明らかだ。

●財政破綻？　増税？　あなたは突然のツケを払えるか

平成三〇年度の潜在的な国民負担率〔注4〕は四八・七％となった。私たち日本国民は、一年の約半分を「お上」（税・社会保障・財政赤字の支払い）のために働き、残り半分を自らの家計や家庭のために使える計算だ。これはまさに年貢「五公五民」の現代版である。

私たち国民は既に十分な税金や保険料を負担している。それにも拘わらず、平成三〇年度末、国と地方の借金（長期累積債務）〔注5〕は、一一〇八兆円（国九一五兆円、地方一九二兆円）となり、国民一人当たり八七四万円になる見込みだ。

財政状況を顧みることなく、将来世代にツケを回して、票狙いのばら撒き施策を増やしては、役所の組織が肥大化し国も地方も財政が破綻してしまう。高齢化社会にあって、高度経済成長を前提に設計された保険や年金など、各種社会保障制度を持続可能な形に変えて行かなければならない。

持続困難な制度のまま放置することは国民を騙すに等しいことだ。財政赤字が累積して国民には増税を強いながら、税金の無駄遣いは後を絶たない。税金を水泡に帰しておきながら、当事者は誰も責任を取らない。そんな政治や行政を国民・納税者はいつまで許しておくのだろうか。そもそも事業センスや経営手腕がなく、利権や選挙のことしか考えない政治屋が多過ぎる。果たして、多額の税金を投入した事業で失敗する。

失政のツケは必ず市民に回される。大阪市の土地信託事業「オーク200」（弁天町駅前、六三七億円の損失）や、「オスカードリーム」（住之江、二八二億円の損失）だけではない。兵庫県の土地信託事業「青野運動公苑」（加西市）でも巨額損失（一〇五億円）が出た。問題は先送りされ、結局、誰も責任を取らないまま、歳月が過ぎてしまう。加西市長時代、私は、失敗した土地信託事業を県の直営に切り替えるくらいなら、私が社長だった第三セクターの北条鉄道（株）

などで引き受けるからと無償譲渡を提案したが、結局、兵庫県企業庁が資産を保有したまま、民間事業者にお金を支払って、管理運営業務を委託している。

財政が厳しくても公共の事業に失敗しても、政治家の報酬は高止まりしたままだ。国会議員はもとより、年間実働七〇～九〇日の地方議員の報酬も高すぎる。地方議員の年間報酬は、同世代の平均的サラリーマンの約二倍、エリート・サラリーマン並みで、国民の給与水準と比べていかに高いかが分かる。

国税庁「平成二八年分 民間給与実態統計調査」〔注6〕によれば、年間給与所得が「一〇〇〇万円超、一五〇〇万円以下」の人の数は一五一・九万人で、給与所得者（四八六九万人）全体に占める比率はわずか三・一%。二〇〇〇万円超の人は二二・七万人で全体のわずか〇・四%しかいない。

国会議員に至っては、当選した議員一人当たり年間一億円の税金（歳費、秘書給与、文書通信交通滞在費など）が使われている。首長は結果責任を負い、自治体に損害を与えた場合や不適切な公金支出には責任追及や賠償請求も受けるが、議員は全く経営責任を負っていない。私は、政治家の報酬は半額に、議員定数は少なくとも三割以上削減することを公約に掲げ続けている。

●行政のイノベーションとは

イノベーションとは「革新」を意味する概念で、一九一一年にオーストリアの経済学者ヨーゼフ・シュンペーターによって定義された。既存のものを結び付けて新たな価値を創造することであり、必ずしも技術の面に限らない。

かつて鉄道会社では、券売窓口で切符を販売し、改札口では駅員が乗客一人ひとりの切符に鋏を入れていた。それが自動券売機や自動改札機が登場し、今日ではＩＣカードが普及し、発券と改札の業務は大幅に効率化でき、改札や切符売り場で長時間待たされることも無くなった。

証券会社の株式の売買も、かつては顧客から電話で売買の注文を受け、それを「場立ち」と呼ばれる証券マンたちが証券取引所の立会場で手を使ったサインで売買を行っていた。証券取引所がコンピューターシステムによる売買に切り替え、ネット証券会社が台頭して、取引所も証券会社の経営スタイルも大きく変貌した。

このように、ＩＣＴやＡＩなどの新技術も導入して、仕事の仕方や業務の方法を変えることで、行政サービスの質は向上し、コストは押さえられ、単純な作業ミスも減らせる。そして浮いた時間と財源をもっと重要で市民・国民のためになる使い方をしようというのが、私が一五年以上にわたって提唱している「行政のイノベーション」である。これによって、今より安い税金で、より便利で正確で効率的で質の高い行政サービスが実現できる。

時代遅れの規制や手続き方法をＩＣＴなどで見直すだけでも、市民や法人の利便性は遙かに高まる。たとえば、大阪府にある大阪企業家ミュージアムには、明治以降の日本の発展に大きく貢献した一〇五人の先見の明、経営への拘り、商品開発などへの執念とチャレンジ精神が展示されており、中高生や大学生向けに社会科や経営学の教材にも使える立派な内容だ。

これらを見ていると、行政が税金を使ってくだらない企業支援をするくらいなら、税金を使わず、余計な邪魔建てや介入をしないことの方が遥かに良いと思う。行政は、市民や企業などのヤル気を引き出し、新たなビジネスチャンスを創出していくことが大事だ。そのためには、補助金よりも民間企業が活躍できる新たな舞台やプラットホームを用意すること、規制緩和や各種手続きの簡略化などを進めることが有効だ。

●消費税増税も軽減税率適用もナンセンス

消費税一〇%化に合わせた軽減税率（事後還付）は全くのナンセンスだ。こんなプランしか描けない財務省の担当のイマジネーションは貧困で、世間知らずも甚だしい。自公両党が開いた税制調査会の会合で、多くの議員から制度案への異論が噴出したのも当然だろう。東大法学部神話から早く脱却しなければ、日本はますます狂ってしまう。

また、大して意味や効果のない仕組みを作ることは、税制を複雑化させ、課税・徴税・税理業務に携わる人間を増やすことになる。納税者にとって、最高の負担軽減策は増税しないこと、減税すること、納税の手間を簡便にすることだ。

財政赤字を解消するために増税したり、インフレ政策を進める財務省の発想は間違っている。先ず、今の事務事業を見直すこと、そして役所の組織をコンパクト化し業務も効率化して、より少ない税金で行政運営できるように変えることだ。それをはっきりと主張できない国会議員を果たして国民の味方と言えるだろうか。より有効な税金の使い方ができる自治体に、雇用増や税収増など将来の活力を生み出せる自治体や事業にこそ、税金は競争的に使われるべきだ。

地域商店や行政の創意工夫がないまま、税金で差額を補てんするだけのプレミアム商品券などの仕組みに私は元々反対であり、金が出れば知恵が引っ込み、多くの商店はとかく安易に流れ、努力する情熱を失ってしまう。

●なぜ行政にイノベーションが起きないか

役所組織は二年ほどで部署を異動し、根っからのプロが育ちにくい。市民の利益や市の将来のために、何としてもやり遂げるという強い信念を貫く人は、今の公務員組織には少ない。下からの稟議書を決済するだけでは、イノベーションが起こらず、昨日までの役所と変わらない。政党の利害と思惑だけで担ぎ上げられた人が知事や市長になって、一体何ができるだろう。

何をやるか、強い政策的動機がないまま当選しては、就任してからのイマジネーションや情熱が湧き起らないし、感性と手腕に劣る人がトップに就くのでは市民が不幸になる。同じ経営環境で同じ経営資源を使っても、経営者の手腕と資質によって成果は全く異なる。トップ次第で組織がガラッと変わることは、日本航空など企業の経営再建でも明らかだ。だからこそ、現場や社会を知り、未来を描き、夢を語れる人物が首長（知事、市長）に選ばれるべきだと、私は一五年以上も訴え続けている。

平成十四年にビジネスマンを辞め、加西市長に初当選した私が取り組んできたことは、市民参加を促し、市民力を高めて日本の民主主義や自治を正しく機能させることだった。言い換えれば、新しい行政の仕組みとインフラづくりである。

残念ながら、既存の行政の発想に凝り固まった役人からはイノベーションは起きにくい。行財政改革のためには、民間の発想や経営手法は大いに参考にできる。財政再建を進め、効率的かつ質の高い行政に変えるには、有能な自治体経営者が必要だ。先々の問題発生を予期できるか、事態に直面して問題として認識できるか、その解決策を考えて速やかに実行できるか、総合的な判断力・人間力・経営手腕がトップに求められる。そんな優れたリーダーをしっかりと選べるか否か、有権者の意識や見識次第である。その意味で、首長の資質レベルは有権者の意識レベルを投影したものと言える。

●政治や行政に欠ける「経営」の視点

政治課題の多くは、実は経営問題である。政党政治家を大企業の社員とすれば、私は独自の技術や発想を強みとする創造的中小企業（ベンチャー）の起業家だと言えるだろう。資本力も販売力も無いが、そんなベンチャーが育たなければ、新たな成長もイノベーションも起こらず、日本は停滞から抜け出せない。

さしたる成果もない政治家が、政党組織や利害関係団体などに支えられて、何期何年も居座ることを有権者はいつまで許すのだろうか。私たち有権者は「政党の政治家」に何度も裏切られてきた。

大病院の医師が必ずしも名医ではない。むしろ、街中のクリニックに専門的で優れた世界的な名医がいるケースも少なくない。看板だけで政治家の力量を評価したり、政策や人物を確かめずに政党名で安易に投票する選挙と早く決別しよう。

失敗を恐れて新しいことにチャレンジしない体質、長いものに巻かれて意見すら言わない風潮が、日本の社会の隅々に蔓延し、組織や経済発展を停滞させている。立派な考えや主張を持っていても、沈黙を美徳にしていてはいずれ活力や創造性も失われていく。また、批判だけで行動しなければ、社会は一向に良くならない。「政治が悪い。行政が駄目だ。」と文句を言う前に、有権者は投票に行って良い政治家を選ぶ責務を果たしてほしい。

選挙の主役は有権者であり、その有権者に有効な政策の選択肢を提供することが候補者の最大の使命である。政策論争が無く、党の候補者を選ぶだけの選挙をやっていては、政治は良くならない。自治や政治の当事者は自分たちであるという意識を持つ国民が増えれば、投票率は上がるし、政治家を選ぶ目も厳しくなって、良い政策とリーダーが選ばれる。

●出でよ、チャレンジする自治体経営者

旧態依然でレベルの低い政治と、非効率でイノベーションの遅れた行政が、日本経済や地域経済の足を引っ張り、地盤沈下の要因となっている。活力が低下した地域には、今こそチャレンジ精神を持った自治体経営者が必要だ。

問題に気付いた有権者が行動し、もっと社会のことや日本の将来を考えて、賢い選択をするようになれば、日本の政治は良くなる。いや、何としても良くしなければならない。候補者は個別

具体的な政策を掲げ、有権者は自分事として政治参加し、賢い選択をして良いリーダーを選ぶことが政治改革の原点である。

誰が首長になり、いかなる政策を推進するかによって、地域の将来は大きく変わる。そのトップを選ぶべき選挙において、有権者の過半が棄権し、政策もほとんど議論されない。国政でも地方でも、資質・見識・力量・品格などに欠ける政治屋が増えており、有権者が投票に行き、賢い選択をしなければ、民主主義は正しく機能しない。

そもそも日本には日本国憲法の下、約二〇〇〇の法律があるが、多くは微修正を繰り返したもので、法律が現状に合わず、法律間で相矛盾するものさえある。既に著しく老朽化したＯＳを基に、非効率な行政が続けられ、政治の発想や政策が旧態依然であっては、民間の経済活動や地域の発展は阻害されるばかりだ。

●大都市には大きな使命がある　でたらめな行政は許されない

たとえば首都東京は、世界の主要都市との競争に勝ち残り、先進的な政策を実現して模範を示すべき自治体である。一方、大阪市も、関西や西日本を代表する大都市として、非常時には東京を代替する役回りがあり、グローバルな視野でまちづくりを進めなければならない使命を負っている。

東京や大阪あるいは名古屋が、狭い自治体の枠内の行政をしていては駄目で、それぞれ関東・関西・中部のハブとして日本を牽引するとともに、アジアや世界のトップを目指す気概と、それに相応しい理念とビジョンを備えた「品格ある政治」が求められる。

近年の大阪府や大阪市は、良くも悪くも議会が対立し、知事も市長も新機軸を打ち出すべくスピード感をもって改革に取り組んでいるが、兵庫県や神戸市は、大きな対立もなく行財政改革は遅れている。

兵庫県では、総務省（旧自治省）出身者が歴代知事を務め、神戸市では過去六八年間もの間、市役所内部から市長を出してきた。その結果、知事や市長と議会の馴れ合いが長年続き、税金の無駄遣い・バラマキ・お手盛りが常態化してきた。

自民党東京都連が平成二九年七月の都議選に際し発表した公約の中で注目すべきは、都民税の一割減税を明確に打ち出した点だ。前年七月の都知事選で「減税」を公約に掲げていた私に、平成二九年末、自民党関係者から都知事選で私が掲げた減税などの政策を参考にしたいとの電話連絡があったが、それが反映されたものと思っている。

ただ、自民党東京都連の「減税」政策に、行財政改革が伴わなければ、次世代にツケを回す「目先のバラマキ」となってしまう。

●地方交付税とふるさと納税　問題の本質はここだ

加西市長時代、ふるさと納税制度がスタートした直後に短期間で寄付総額を激増させたことが日経新聞などで報じられた。寄付金の使途を選択指定または市長に一任できる仕組みや、効率よく寄付を募るために一件一万円以上として返礼基準を寄付金額の二〜三割を目安にするなど工夫した結果だった。

昨今、全国的な返礼品競争がふるさと納税制度の趣旨を歪めているとの批判もあるが、少しでも歳入を増やしたい自治体にとって、節度あるふるさと納税は捨てがたい制度である。返礼品は、農水産物だけでなく観光・宿泊をはじめ様々なサービスも可能で、それが魅力的であれば自治体への寄付金は自ずと増えるし、自治体としては、地域の魅力発信や地域おこしに繋げることができる。

東京二三区や横浜市や大阪市などの大都市は、地方への税源の流出を理由にふるさと納税制度を批判するが、現状、大都市の返礼品は寄付者にとって何の魅力もない。むしろ、大都市は、やり様によっては、返礼に使える商品・サービスなど地域資源の宝庫でもあり、地方の市町村などとタイアップして魅力的な商品開発をすることもできるのに、残念ながら大都市の自治体には、気付きや知恵がなく、少しでも歳入を増やそうという熱意もない。

問題の本質は、国が国税として全国から集め、それを地方交付税で再配分する現行の財政制度にあり、「三割自治」こそ見直されるべきである。各首長や地方議員は、地方財政制度の問題点と制度改正を政府や国会に強くアピールするべきだ。

時代を先取りする確かな理念・判断力・経営手腕を持ち、知識だけに頼らず現場を大切にできる経営者などが首長や国会議員になれば、日本の政治は大きく変わる。私たち有権者が、政治や自治を政党に任せきりにした結果、何の理念も能力もなく、当選だけが目的のポピュリズムの政治屋が増えてしまった。それを放置・放任している限り、日本の再生は困難だ。

かつての民主党政権当時のマニフェストのように、できもしない政策を予算の裏付けもなく並べ立て、結局、何の成果も上げられないのは、国民を裏切る背信の選挙手法である。優れたリーダーと政策を選ぶための、「賢い選択」ができる有権者か多いか少ないかで、日本国や各自治体の将来が決まる。

●各国で進むイノベーション　ＥＶからＡＤへ

米国や中国などは、電気自動車（ＥＶ）や自動運転（ＡＤ）の先の戦略をとっくに描いている。私は二〇〇九年、中国浙江省義烏市に行って衝撃を受けた。世界最大の展示場の存在もさることながら、市内至るところで電気自転車や初期の電気自動車が大量に走っていた他、ＩＣカード式の自転車シェアリングが当時既に各所で運営され、二四時間利用できた。

私はそれを見て、自動車はいずれ内燃機（エンジン）からいずれ電気モーターに置き換わり、運転制御技術にも大きなイノベーションが起きると確信した。また、自転車駐輪問題の解決には、シェアサイクルが有効と考えた。

平成二二年、私はパナソニック（当時は三洋電機）の自動車用リチウムイオン二次電池の最新鋭工場を加西に誘致した。それを機に、「プラチナ都市」の研究に取り組んできた。例えば、自動運転の技術やコミュニティ・タクシーの仕組みは、高齢者の外出や子供たちの通学などを容易にする。自動耕耘や自動作付けの技術は農業の担い手不足を軽減する。植物工場の機械装置でも有名な伊東電機株式会社は、加西市に本社を置く独創的な企業である。

平成二三年、私は「自動運転」や「電動のまちづくり」なども含めた先駆的な公約に掲げて市長三選を目指した。先ずは官民の共同研究や社会実験から始めて、特区認定・実用化、関連産業の誘致などを進めようと構想を発表した。当時、全国に先駆け、いや世界と競って、加西市で取り組むことができていれば、大きく時代を先取りし、新たな産業や技術を生み出すことができたはずだ。

グーグル社の子会社Ｗａｙｍｏは、米国アリゾナ州フェニックス市などで完全自動運転サービスを二〇一八年中に開始する。〔注７〕誰でもアプリを使って、無人自動運転車を呼んで乗れるようになる。

役所が、既存の技術や法令を前提とした管理・規制に終始しているだけでは、世界の大きな流れから取り残されてしまう。

政治家や行政トップが、イノベーションを先取りする柔軟な発想と政策ビジョンを持ち、将来への布石を打つことが大事である。近い将来に社会で起きることが想起できない者、社会課題へのソリューションを示せない者は政治家になるな。またそんな人を政治家に選んではいけない。

●大半の行政サービスを民間委託したサンディ・スプリングス市

二〇〇五年一二月、米国ジョージア州アトランタ市の北隣にサンディ・スプリングス市という新市が誕生した。〔注8〕同市はフルトン郡（カウンティ）から独立した自治体で、人口は九万人余り、面積は九八平方キロメートル。フルトン郡は、アトランタ都市圏やジョージア州内でも市民一人当たりの行政コストが最も高く、多くの市民が強い不満を抱いていた。

そこで、民間事業者との契約によって行政サービスを包括委託することで、米国の同じ規模の自治体に比べ、ほぼ半分のコストで運営されている。それだけ税金を効果的に使い、浮いた財源を必要な新分野に投入できる。

二〇〇八年八月、私は、東洋大学大学院教授の根本祐二先生らとともにこのサンディ・スプリングス市に公式訪問した。同市と同様に包括民間委託により運営されているジョージア州内のミルトン市、ジョーンズ・クリーク市、チャタフーチヒル・カントリー市、の他、センテニアル市（コロラド州）、ウェストン市（フロリダ州）も視察し、各市の市長やシティ・マネージャー、そして各市の公共サービスを引き受けている民間事業者（当時はCH2M HILL OMI社）の幹部らと面談する機会に恵まれた。

これらの市では、警察と消防そして郡所管の教育と福祉の分野を除いた全ての行政サービスを民間事業者に委託した。その結果、サービスの質は向上し、業務の効率化が進んで、税金は同規模の自治体の約半額で運営されていた。五～六人の市議会議員が選挙で選ばれ、その中から市長が選ばれる。市長らは名誉職で報酬も二～三万ドルと低く、経営者や弁護士や公認会計士などが議員になるケースが多い。

日本のように執行者（知事や市長）と議員（議会）が独立・対立しているのではなく、彼ら全員が共同経営者として市の経営に参画する。議会が決めたことを最高経営責任者（CEO）である市長が執行するが、市長の下にシティ・マネージャー（COO）、アシスタント・シティ・マネージャー、バジェット・オフィサーなど、各市とも五人～八人の専任スタッフ（日本の公務員に相当）が置かれている。窓口業務、道路の維持管理、都市計画など、ほとんどの役所業務を民間事業者に包括委託することで、効率的で質の高い公共サービスを実現していた。

この視察を通して、旧来の日本の行政サービスの常識を変え、新たな自治体経営を実践・実証することが、イノベーターたる私の使命と確信した。

日本でPFI法が施行(平成一一年)されて今年で二〇年になる。私は、会社員時代から一貫して、民間の発想・技術・経営手法などをもっと役所が活用するべきと提唱してきたが、民間が契約に基づきリスクを負担し、リターンも享受する公民連携（Public Private Partnership）の手法はもっと活用できる。

概して日本の自治体は、市民からの税金や起債をしてハコモノやインフラの整備を続けてきた。その結果、過剰な資産を抱え、負債も累積し、維持管理費・運営費・人件費などに事欠く状態になっている。不要な資産は処分または利活用し、公共施設の整備やサービス提供にはＰＰＰ／ＰＦＩや民営化を進めることで、サービスの質向上とともに、バランスシート改革とキャッシュフロー改革を同時に図れる。

●日本でもやれる　どこまでできる?

役所業務の内、課税や行政処分など「公権力の行使」に該当するもの以外は、民間委託などでアウトソーシングする「公民連携」は法的にも可能だ。行政サービスの質向上と効率化、そして市民の利便性を高めるために、私は、個々のサービスに最も適した公民連携と民営化の多様な進め方を研究してきた。
民営化は公共資産の売却と公務員の解雇であると決めつけ、サービス水準の低下と失業が発生すると事実誤認の反対をする勢力がいるが、実際は、納税者でありサービスの利用者である市民・国民の目線で、サービスのやり方と官民の役割分担を見直すものだ。

私は、大阪市長選・東京都知事選・兵庫県知事選・神戸市長選などでも、公民連携や『プラチナ都市』などを公約に掲げてきた。国内はもとより世界標準となる技術・商品・サービスを創り上げた企業が発展し、それを取り込んだ自治体が産業発展・まちづくり・人口増などで優位に立てる。
自動運転の技術は、単に自動で車が走るということに留まらず、物流の合理化、渋滞の解消、新産業の育成、地域交通の確保、高齢者の外出、児童生徒の通学、交通安全、観光振興、自動農機による農業生産など、様々な面での発展性に富んでいる。

日本でも都道府県から基礎自治体に権限・税源・人材を移し、市町村間で広域連携したり、民間の力を活用したりすれば、もっと市民に身近で効率的な行政が可能になる。その結果、市民負担は軽減され、財政再建も進む。国・都道府県から基礎自治体へと権限・税源を委譲し、自治体経営のプロで仕事人のシティ・マネージャーを置いてキッチリと仕事をさせよう。

前回の大阪市長選（平成二七年）で、他の候補予定者が掲げなかった私だけの政策としては、

① シティ・マネージャー制度、ＰＰＰ（公民連携）手法の本格導入
② 国保・健保・共済の府内統合一元化
③ 常設型住民投票条例の制定
④ 通年議会制、議員定数五〇名
⑤ 道州制を目指す（都道府県から市町村へ分権推進）
⑥ 財政再建（一〇年で借金半減）、減税都市を目指す
⑦ スマートシティ「プラチナ都市構想」
⑧ 投票に行った人にインセンティブ、行かなかった人にペナルティ（日本初、選挙条例）市民ポイント制を含む電子型地域通貨の導入（ブロックチェーンの活用）
⑨ 公共資産の流動化、臨海部などの土地活用
⑩ 健康経営と日本版ＣＣＲＣ　などであった。

地下鉄の民営化、水道事業や大学の統合など、多くは、平成一五年の大阪市長選でも公約に掲げた。

●ドローンや自動運転の先にある空の「自動操縦」

ドローン技術には大きな可能性があり、運送、空撮、農薬散布、インフラ点検、測量、警備、災害対応、救急医療など多方面に使える。例えば、宅配業務の約六割を占める二キロメートル圏内（ラスト・ワンマイル）の配送をドローン配送に置き換えると、輸送コストも配達日数も数分の一になると言われる。

より高性能なドローンを作るには、関西の技術集積を活用できるし、電線や電柱などの密度が低く、広大な空間のある農山漁村などから実用化が進むと思われる。

そして、ドローンや自動運転車の次には、必ずや空の自動操縦が現実化するだろう。飛行機という概念が大きく変わり、空の移動、三次元の移動がもっと容易になる。模型飛行機は昔からあるし、飛行機やヘリコプターやドローンの制御技術を進化させれば、空の完全自動操縦も早晩実現できると思われる。

一番の鍵は、技術開発を進めながら、緩和すべき規制と新設すべき規制（法整備など）を適切に行っていくことである。そこが日本の一番の弱点であり、それをいかに克服するか、政治的リーダーシップに掛かっている。

ドローンや自動操縦など空の活用は可能性に富んでいるが、航空法や米連邦航空局（ＦＡＡ）の規制などに影響される。新しい分野の技術開発には、規制や抵抗を乗り越えても実現する、行政トップの確かな先見性と強いリーダーシップが不可欠だ。

私は、それを痛感しているからこそ、知事選や政令市長選で具体的な政策提言を続けている。

●フィンテック（金融×技術）をもっと活用しよう

外国人観光客が増えても、日本国内の飲食や買物の決済はまだまだ現金が主流で、キャッシュレス化が遅れている。仮想通貨やフィンテックを活用した次世代の電子決済のインフラを整備して現金の扱いを減らせば、店も客も銀行も助かるし、特に飲食店などには衛生的でもある。

特に、ブロックチェーンは不正を大幅に減らせる他、システム開発やメンテナンスコストを大幅に安くでき、利用者の負担も金融機関のコストも大幅に減らせる。観光客がどこから来たか、今どこに流れているかなどのビッグデータも掴める。

このように、多くのメリットがあるフィンテックなのに、急速に進む技術革新に金融庁や金融業界の意識が対応できておらず、法解釈や法整備も遅れている。要素技術では日本が先行しながら、発想力や社会実装では米中などに先を越されてしまう。それは、日本では各種の規制が強いことに加えて、政治や行政の認識不足も災いしている。ベンチャーや革新的技術への投融資にも確かな目利きが必要だ。

多くの日本人が独創的な新技術を生み出したり、個々の優れた先進技術を柔軟に使いこなせないのは、暗記主体・知識偏重で創造力を伸ばせない学校教育にも問題がある。学校で「常識」を押し付けられ、独創性や柔軟な思考力が中々育たないからではないか。

私は、民間のチャレンジや様々な先駆的取り組みが地域を元気にすると考え、市長時代・区長時代にそれらを誘導してきた。地域問題や社会的課題を、地域力・市民力・民間力・新技術で解決することを通して、新産業の創出、雇用と税収の増加を図ることができる。

そして、「プラチナ都市」やスマートシティを目指して、街を挙げて日本版ＣＣＲＣ、ＡＩ、自動運転、ドローンなどの先進的技術を社会実装していくことで、市民の利便性を高めるとともに、企業の新たなビジネスチャンスにできる。

社会的課題に先手を打って解決していくことが自治体の「経営」であり、政治家の役割であるのに、国家の危機や国民の日々の問題を放置し、政党対立や権力闘争に明け暮れ、周回遅れで取り残されているのが今の政治だ。民間企業に長く勤め、技術や経営にも明るいからこそ、社会や行政にイノベーションを起こし、同時に民間の活動領域も広げることができると思う。

●もっと便利で効率的な自治体にしよう

従来の業務のやり方を前提とする限り、新たな法令が整備される都度、新しい専門資格や新制度が増えて、自治体の予算も人員も増えていく。事務事業の見直しに加えて、ＩＣＴ、ＡＩ、ビッグデータ、ブロックチェーンなど新しい技術を導入し、役所の業務のやり方を根底から変える「行政のイノベーション」によって、行政現場の生産性を上げよう。

例えば、道路の傷み、駐車違反、不法投棄やゴミの散乱、樹木の立ち枯れや動物の死骸、落書き、違法駐輪などの通報を、市民が二四時間いつでもスマホアプリ「まちもん」（FixMyStreet, 英国のmySociety が開発）〔注9〕で通報し、役所も即時対応が可能となる。

街の問題や課題を市民と行政がスマートフォンで情報を共有し、解決することを通して、市民のコミュニティ意識も高められる。通報した市民にはインセンティブとして、「市民ポイント」を進呈することもできるし、浮いた財源を市民の地域活動、教育・子育て、福祉などに回すこともできる。

日本では平成二五年から提供されている民間サービスだが、都道府県を含めて全国一七八八の自治体のうち、この「まちもん」を本運用しているのは、愛知県半田市など一三市町しかない。大阪市では平成二六年に試行しながら、まだ実現していないのは残念だ。

防犯カメラや民間の警備システムを取り入れたり、交通違反の取り締まりをGPSや車載センサーによる電子的取り締まりにすれば、警察の人員態勢を減らせるし、もっと必要な分野に警察要員を回すことができる。そして、スピード違反や道路標識の無視を再三繰り返す運転者には、電子的警告を重ねた上で、反則金や行政処分を課すことにすれば、これまでの古い取り締まり業務を相当合理化できる。

現在、駐車監視員に路上パトロールさせているが、衛星カメラや地図情報システムなどと連動させれば、どの車両がどの位置に何分間、路上駐車しているかを把握でき、パーキングメーターを使わずとも課金できる。駐停車禁止の場所に一時停車した運転者には、「ＡＩポリス」が通信で即時移動を命令できる。運転データの履歴から読み取れる優良な運転者には、本人が希望すれば自動車保険料の割引も可能となるだろう。

「高齢者の運転は危険」として免許証を自主返納してもらうのは、警察署や交通安全協会の取り組みとしては間違ってはいないが、全体最適を考えたスマートな取り組みとは言い難い。むしろ、高齢者が外出しやすいように、ＵＢＥＲやコミュニティ・タクシーの仕組み、さらには自動運転化を進めることの方が社会全体に有益だろう。人が運転するよりも、自動運転の方が交通事故を少なくでき、新しい産業技術が発展する切っ掛けにもなる。自動運転によって高齢者は元気に外出するようになり、認知症や寝たきりの予防にも役立ち、長期的には医療費支出を抑えることができる。

このように、役所の古い常識や業務方法を見直すことで、行政の至るところでイノベーションを起こせる。

●ブロックチェーンの可能性　低コスト×信頼性×利便性

法務局や市役所などでＩＣＴは無論のこと、ブロックチェーンを導入すれば、業務を早く正確に低コストで処理できる。個人認証の技術が格段に進化した今日、各種証明書の発行業務を大幅に削減し、業務の効率化を図れる。何よりも市民や企業の利便性を高められる。

同じ情報を複数の当事者がリアルタイムで共有できるブロックチェーンによって、煩雑な手続きも大幅に合理化して業務の効率化が図れるし、データや文書の改竄などの問題も防げる。不動産登記、法人登記、住民票・印鑑証明、国保・年金・生活保護などの行政サービス、投票や選挙事務、公文書管理、医療情報やカルテ情報などにも幅広く使える。

ブロックチェーンを拡張することで、起債に代わる新たな資金調達として、自治体によるＩＣＯ(仮想通貨の発行)や地域通貨（トークン方式）も可能だ。「電子型地域通貨」は、私が加西市長時代からずっと唱えている政策の一つだ。

これをインフラにして、市民活動やボランティア活動などにポイントを付与し、納税や各種料金の支払いにも使えるようにしたい。そのポイントを地域内（例えば、都道府県単位）で循環させることで、地域通貨の波及効果（回転率）を高めることができる。

また、地域産の木材を使う住宅、地産地消の物産購入などにもポイントを付与することで、農山村の活性化、都市の農山村との交流促進にも繋げられる。ペットボトルの回収にもビルトインすることで、ゴミの削減とリサイクルを徹底できる。

私が一六年前から早期実現を訴えている「ネット投票」は、ネット選挙（インターネットを利用した選挙活動）とは次元が違う。今日、顔や指紋などの生体認証とブロックチェーン技術とマイナンバーを組み合わせれば、ネット投票での不正はまず不可能だ。だが、私は有権者の抵抗や不安感にも配慮し、公選法に基づく「選挙」以外の意思表示、すなわち本来「市長が提案して議会で決めればよい事項」など、住民投票に準じた形でネット投票をやってみることを提唱している。そうすることで、市民の意思や判断を直接集計でき、直接民主制に近い形でフラットかつタイムリーな行政運営が可能になる。

例えば、東京都で住民投票を請求する場合、有権者の五〇分の一の署名（約二二万人）が必要であり、都知事のリコールには約一五〇万人の署名が必要となるが、これらは市民・役所の双方に大変な手間とコストがかかり、非常に困難な作業だ。そこで、ネットの電子署名を準用することで、市民の署名活動を簡便にできるのだ。

ＩＣＴ先進国と言われるエストニア（人口約一三〇万人）。その人口規模は福岡市・神戸市・京都市などよりも少ないが、国政選挙でネット投票を導入している世界唯一の国である。何と二〇〇五年の地方議会議員選挙からネット投票を導入し、二〇〇七年には国政選挙にも拡大、エストニア人は世界のどこからでもネット投票ができる。

エストニアでは、結婚・離婚・土地の売買以外は全てインターネット上で手続きが可能であり、日本はエストニアの事例にもっと学ぶべきだ。

●行政の諸手続きもネットで簡単にしよう

デジタル・ガバメントは、行政手続の簡素化、役所の生産性向上、働き方改革、財政健全化などに大いに役立つ。行政サービスを利用者本位に改め、官民データの相互利用やサービス連携を進めよう。国と地方のすべての行政手続きをデジタル化し、旧来の制度や業務フローを抜本的に見直し、役所間での情報連携も進めて、余計な添付書類を撤廃しよう。

マイナンバーカードを早期に広めて、簡便な形で電子認証できる仕組みにすれば、行政手続きのためにわざわざ役所に出向く必要を極力無くせる。署名や押印に替わるデジタル認証で本人確認し、キャッシュレス化を進めれば、各種手数料を無料化したり値下げできる。

不動産の登記、法人の設立や変更の登記、社会保険、税務、出生・子育て・転居・介護・死亡・相続などの諸手続きについても、オンライン化してワンストップ化しよう。

私が区長に就任した当時、大阪市北区では住民票などの証明書発行業務コストが、一枚当たり約一四〇〇円掛かっていたので、いち早く窓口業務を民間委託（パソナスタッフサービス）し、サービスコストを二割以上低減させた。

三年前から大阪市も漸く全二四区で証明書のコンビニ交付（一通二〇〇円）が可能となったが、私が大阪市長なら、可能な限り証明書自体が不要という社会の仕組みに変えることで、証明書の発行を大幅に減らす。

●わざわざ役所に行かなくてもＯＫ　全国初の諸政策

例えば、本人の同意があれば、必要な個人情報を役所内で確認できるようにすれば、行政手続きなどに要する住民票などの証明書発行を不要にでき、市民も役所もムダを省ける。

ブロックチェーンによって個人認証の方法を根本的に改め、ペーパーの証明書を止めれば、住民票や戸籍謄本などは無料化できる。私が市長なら、少なくとも個人利用の場合、年間数枚程度であれば、無料にする。これらは三年前の大阪市長選などでも公約に掲げたことだ。

住民票や戸籍謄本など、個人情報データは役所側にあるのに、どうして同じ役所から提出を求められ、申請者（市民）が証明書を取りに行く必要があるのか、実におかしな仕組みだ。それは個々の手続きの必要書類として、役所側や企業側が身元確認（個人認証）のために、証明書の添付が規定されているからに過ぎない。

公務員の仕事は法令や規則に則り行われる。各担当者は大抵二〜三年で部署を異動するので、個々の業務について、軽微な改善はしても抜本的な改革は避けるため、役所では前例踏襲が長らく続く。そういうことに気づき、役所の仕事を変えるのが首長の見識である。

例えば、個人が役所で住所変更（住民票の異動）の手続きをした際、本人が希望すれば、郵便局・都道府県税・電力会社・ガス会社・銀行・証券会社などと異動情報を共有することにより、ワンストップで住所移転の手続きを完了できる。

もう一点、私たちの身の回りにはカードが多過ぎる。行政関連だけでもマイナンバーカード、印鑑証明カード、運転免許証、保険証、図書館カードなどがある。その他、キャッシュカード、クレジットカード、定期券、診察券、各種会員カードなど、実に多種多様だ。マイナンバーカードや運転免許証などにプラスアルファーの機能を付けることができれば、何枚ものカードを統合して枚数を減らすことができ、各人のスマートフォンの中に全てを格納することもできる。

個人カルテを電子カルテにしてクラウド管理すれば、医療費支出を合理的に抑制できる。健康に留意する人や医療に掛からなかった人の国民健康保険料を割安にして、インセンティブを働かせることで結果的に総医療費を抑制できる。同様に、投票に行ったらポイント、行政のイベントに参加したらポイント、市民活動にポイントなどで市民参画や自治意識を高められる。

これらは全て、私が前々から公約に掲げてきた全国初の政策の数々だ。

●現場には創意工夫のネタが山ほどある

様々なセンサー技術、計測技術、ビッグデータ、監視カメラなどを導入し、ＩＣＴ、ＳＮＳ、ＡＩと繋げば、防災・防犯・消防・救急・警察・交通監視などの精度や機能性を高められ、市民は便利かつ安全安心で暮らせる。

五年に一回、国勢調査が実施され、その集計結果を翌年に取りまとめて、行政の基礎データとして使われているが、これでは後追いの行政にしかならない。ビッグデータやオープンデータを活用すれば、よりタイムリーに人やモノの流れが把握でき、市民ニーズに合致したより的確な行政運営が可能になる。

活用されないまま、維持管理に税金を投入している公共空間は山ほどある。都市緑化を進めることで、ヒートアイランド対策、都市空間での癒し、遊休空間の活用などができる。全てを行政が税金を投入して行うのではなく、市民活動や民間ビジネスやソーシャルビジネスと連携した事業モデルを構築する知恵を出そう。私は、公共施設の屋上、道路植栽マス、公園の片隅などに果樹や根菜や豆類などを育てることを常々提唱している。

多くの自治体では、市民の安全と称して大木を切り倒し、無残な枝打ちを毎年のように繰り返し、造園業者の収入にもなっている。地域の人が長年慣れ親しんだ公園や学校などの大木古木は極力切らない。もし切る時でも、切る理由を説明し、切った木材をどう活用するのかなど、市民に考えてもらうチャンスを提供する配慮が求められる。私は市長時代、止む無く切った木は、製材してベンチやテーブル天板などに活用したり、薪やシイタケの原木などに活用した。

キッチンカー（米国などではフード・トラックと呼ぶ）は、イベント時や災害時などにも機動力を発揮するが、半面、警察、消防署、保健所、道路管理者などから様々な規制を受け、給排水や電気供給などの課題は多い。キッチンカーを各種イベントでも使えるように、公園や道路空間などに恒久的なインフラ（電気、ガス、上下水道）を予めビルトインしておくと、平時も非常時も官民ともに便利で、安全かつ衛生的に食事サービスが可能となる。

私はこれを大阪市北区で真っ先に実現するべく研究を続けてきた。公園や道路など公共空間は、管理者（行政）サイドの都合ばかりではなく、利用者や市民の利便性や災害時機能なども考慮し、公民連携の発想でもっと活用するべきだ。

●民間委託を進める？　では、公務員は何をするの？

インフラや諸施設の老朽化が進み、かつ人口も減っていく中、今の枠組みのままではサービスを持続し、施設を維持することは困難になる。思い切って民間に任せて、生産性・効率性を高めると同時に品質も高め、かつ雇用増と税収増にも繋げる。行政区域を越えて、他の自治体にも拡大すれば、シェアード・サービスにより、コストはさらに下げられる。

役所では、年度末になると新年度の業務委託先を決めるための入札案件が増える。各部局いろいろな業務をアウトソーシングしているが、外部委託で民間企業などに回すだけなら、そもそも公務員の仕事は何なのだろうか。

民営化や民間委託によって、サービスの質が低下するのでは本末転倒だ。そうならないために、優れた民間事業者を選び、役所はしっかりとモニタリングし、ＰＤＣＡを回していく日常の努力が不可欠である。想定通りにきっちりとサービスができているか、市民益に合致しているかをチェックするモニタリングの役割が役所にある。

パブリック（公共）の担い手は、必ずしも官である必要はない。官と民の適切な役割分担を図り、公民連携を進めよう。役所にしかできないこと、官の強みを活かせることに役所の業務をシフトさせ、時代が求めている分野に役所の人材や経営資源を優先投入するべきだ。

●自治体再生には公民連携（ＰＰＰ）が有効

私が市長時代、地方自治体公民連携研究財団や東洋大学ＰＰＰ研究センターの協力を得て、加西市の行政コストを少なくとも三割低減し、公共サービスの質を高めるためのプランを策定した。実際に、在職六年間で過去の実質累積債務の三三％を市民負担によらず経営努力で返済し、かつサービスの質を高め、必要な将来投資もすることができ、その結果、雇用増・税収増に繋げることができた。

三期目を前に、私は、市役所業務の包括的民間委託や水道事業の民営化（コンセッション方式による運営委託）など、日本初となる計画を検討し、官邸はじめ各方面から注目された。当然、市の職員組合と自治労そしてその家族までが、反中川の組織的なネガティブ・キャンペーン活動を展開し、私の三選は阻止された。だが、私はその後の選挙でもＰＰＰやコンセッションなどを公約に盛り込み、東洋大学や早稲田大学での研究も続けている。それは、自己の当落や利益よりも、政策の是非を世に問い続けているものだ。

私が大阪市北区長に就任した際に、元財務大臣で東洋大学総長（当時）の故塩川正十郎先生から、「公民連携（ＰＰＰ）の手法は大阪府や大阪市の財政再建にも使える。中川君、是非実現してほしい。」との言葉をいただいた。また、大阪市北区長を退任した際も、塩爺から「次は大阪市長となって、公民連携の手法で行政の効率化と財政再建を進めてほしい。」とも激励された。

私にはその遺志を受け継ぎ、公民連携の思想と手法を全国の自治体経営に広めていく使命がある。

仙台空港が国管理空港として第一号で民営化されてから二年を迎えた。東京急行電鉄など七社が設立した仙台国際空港㈱が、着陸料の値下げ、施設サービスの拡充などによって、航空会社の新たな就航を誘致し、旅客数が約一・七倍に増えた。民営化前は年間約一億円の赤字だった空港が、民営化後は約六七〇〇万円の黒字となった。

民営化第二号の高松空港は、平成三〇年四月に民営化され、三菱地所などが設立した高松空港㈱

が運営する。関西三空港（関空・伊丹・神戸）の民営化（コンセッション）が成功し、二〇一九年四月に福岡空港の民営化、二〇二〇年四月に熊本空港の民営化が予定されている。

二〇一九年夏には新千歳空港など北海道内七空港の民営化の優先交渉権者が決まるが、現在、複数の国内企業連合だけでなく、バンシ・エアポート（フランス）、パリ空港公団、チャンギ・エアポート・グループ（シンガポール）などとそれぞれ組んだ企業連合が応募している。日本国民が想像する以上に、日本国内のビジネスチャンスに外国勢が積極的に参入する時代になっている。国民や行政の意識も変わらなければならない。

●非効率で赤字累積の官業を民営化して再生

平成三〇年四月、国鉄が分割民営化されてＪＲグループが誕生して早三一年が経過した。民営化されたことで、国民は税金で国鉄の赤字を補填する必要がなくなった。ストライキはなくなり、サービスは向上し運賃も安くなった。駅員の接客態度は格段に良くなり、駅のトイレも綺麗になった。国鉄の職員給料や運賃改定が国会で審議されていては、経営は成り立つはずがない。

国鉄が幕を閉じる最後の五年間、未だ三〇歳前後の私が、スーパーゼネコンの開発企画担当として旧運輸省や旧国鉄本社などに出入りし、不動産の利活用や処分を働き掛けながら、分割民営化や清算事業団の動向などを舞台裏で観察できたことは大変貴重な経験となった。その原体験があるからこそ、公民連携、公共サービスの民営化、資産活用などを毎回公約の柱に掲げ、自治体における「経営」の重要性を訴え続けている。

赤レンガ駅舎の復元話は旧国鉄時代にも一部検討されたが、財政難や意思決定の問題もあって実現しなかった。民営化され立派な鉄道会社となったからこそ当事者能力が生まれ、復元工事もできたと思う。国鉄、電電公社、専売公社が、それぞれＪＲ、ＮＴＴ、ＪＴなどになって料金も安くなり、サービスも向上し、税金を払う民間会社になったことは国民経済的にも素晴らしいことだ。

水道事業などは民間でもできる安定収益型の事業であるのに、役所の内外に抵抗があり、職員労組や既得権者などは、民に任せると高くなるとか、品質やサービスが低下するとか、根拠なき理由を付けて反対する。

電力会社やガス会社はもとより、人命を預かる航空会社や鉄道会社ですら民間会社である。民業だから危険、官業だから安全安心というのは思い込みの神話に過ぎない。抵抗勢力は、民間に任せて失敗した海外の事例などを例に、料金が高くなったり、飲み水の安全性が損なわれると不安を煽って反対する。

そもそも海外での失敗は、当初の民営化計画が甘かったり、民営化する以前に必要な更新投資や維持管理が適切になされていなかったり、民間に運営を任せる際の契約自体が杜撰だったもので、多分に国民性や契約内容に由来するものだ。

コンセッションにおいては、水道施設という公共の資産は官がしっかりと保有しながら、細かい契約書に基づき民間事業者が適切に運営しているか、料金設定は妥当かなどを官がモニタリングし、必要に応じて軌道修正することである。「同じサービスなら効率化して安くする。同じ価格ならサービスを高める。」というのが私の基本的な考え方だ。

平成三〇年四月から、浜松市で下水道事業のコンセッション方式による運営が始まった。市長退任後、加西市での研究成果を踏まえ、鈴木康友市長にコンセッションを提案したことが懐かしい。

基幹となる西遠浄化センターは、鹿島に入社して間もない私が広報の取材で訪問した現場でもある。

同じく平成三〇年四月、開業八五周年の大阪市営地下鉄が民営化された。旧交通局の債務を自治体会計から切り離したことで、市民一人当たりの借金を約三割減らすことができた。

第二章　政治課題の多くは経営問題　解決方法はこんなにある

●待機児童問題でピンボケ議論　現場を知らない愚かさ

全国の待機児童の数は公表分だけで約五・五万人いる。政府は「二〇二〇年度までに待機児童ゼロ」とする目標を掲げている。待機児童問題の解消や保育士の労働環境の改善は喫緊の課題だが、全国各地で置かれている状況が異なるのに、現場から最も遠い国会議事堂の中で、ピンボケの議論と建前ばかりの形式的審議を繰り返すのはナンセンスだ。現場・現実から乖離した議論では問題の根本的解決にはならない。

そもそも、保育所（厚生労働省）と幼稚園（文部科学省）で所管が違うことに加え、公立の保育所（区市町村長）、公立の幼稚園（区市町村教育委員会）、私立の保育所（都道府県知事から認可された社会福祉法人）、私立の幼稚園（都道府県知事から認可された学校法人）でそれぞれ設置管理者が異なり、置かれた経営環境や地域の事情も違う。

にも拘らず、子育て関連の予算や権限の多くを国が握り、全国一律・都道府県同水準の運営を求めている今の仕組みこそ、各自治体の実情に合った取り組みや創意工夫を削ぐもので、結局、地域の人材を活かせていない。緊急避難的な法整備や予算措置は国で行うとしても、国から基礎自治体に財源や権限などを早期に移譲し、地域力や民間力を生かすことこそ、少子化対策や待機児童問題解決の近道だ。

新たな発想で国と地方の役割分担を再構築できる国会議員や、自治体経営の現場を経験し、事情が分かっている国会議員が一体何人いるだろうか。毎年、予算の配分だけを審議していては問題の本質は変わらない。

●待機児童が中々減らない構図

私は、市長や区長として保育行政に関わった他、京都市内にある私立の名門保育園の理事や経営顧問を数年間務めた経験がある。自治体が認可保育所に手厚い補助金を投じているため、認可保育所の保育料（月二万円強）が、無認可保育所の保育料（平均月六・五万円）に比べて、月額四

〜五万円も安くなる結果、料金の安い認可保育所に利用申し込み（保護者）が殺到する。つまり、保育料が、経済学でいう「均衡価格」よりも相当低く設定されているため、「超過需要」（待機児童）を発生させているのだ。反対に、「官業による民業圧迫」で無認可保育所の採算性が厳しくなっている分、認可保育所は「超過利潤」を得て、ますます高コスト体質となる。

厳しい財政状況の中、自治体としては、運営費の八割が税金で賄われている認可保育所を増やすことが難しい。認可制と保育料の価格規制の両面で、株式会社やＮＰＯなどによる認可保育所への新規参入が抑制されている。その結果、競争原理が働かないまま、既存の認可保育所に多額の補助金が投入され、高コスト体質と供給不足が中々解消されない。

多額の補助金で認可保育所だけが優遇されてきた結果、認可保育所の利用者と無認可保育所に入らざるを得ない利用者の間に大きな不公平が生じている。認可保育所を利用できる人は共働きの正社員など、そもそも所得水準が相対的に高い。彼らには多額の税金が投じられるのに、無認可保育所を利用するパートや非正規の低収入の人たちに対しては、公費がほとんど出ない構造になっている。

ければならない。

「弱者に厳しく強者に優しい」この実態は、社会福祉制度の名にもとるもので、早急に改められな

●保育士不足の効果的な解消策とは

多額の税金を投入して保育所の数を増やしても、保育の担い手である保育士を大量に供給することは直ぐには難しい。肝心の保育士を集められなければ、せっかく整備された施設も稼働できない。保育現場の従事者を増やすには、金銭面での待遇改善が課題となる。

政府目標の達成のためには保育士の数を七万人以上も増やす必要があるが、保育士の賃金水準は他産業に比べて低く、学校卒業後に保育士になる人は全体の半分程度にと言われる。保育士の有効求人倍率（二〇一七年度）は二・七三倍で、他産業平均の約一・七倍に当たる。それほど、保育士の採用募集は難しいのが実情だ。

不足する保育士を増やすには、資格や経験がありながら働いていない「潜在保育士」を活用することが大事だ。保育士登録されている人は二〇一六年の調査で、全国で一三九・五万人いて、う

ち保育所などに勤務する人は五三・八万人となっている。
保育士資格（免許）は一度登録すれば更新不要で、約一四〇万人という数字には認可外施設などで働く保育士、海外居住の保育士、すでに亡くなった保育士の数も含まれ、そもそも保育士として働けるか、意思があるかも不明だ。所管の厚生労働省すら現場の実状を正しく把握できずして、保育人材の掘り起こしなどできるはずがない。

幸い、千葉県は二〇一六年度に県内の登録保育士に調査を実施し、回答者の約四割にあたる約七千人が潜在保育士であり、その約六割が保育士として働く意思がうることが分かり、その後、県の人材バンクに登録して就職した人は二〇一七年度で延べ四五〇人を超えた。広島県でも同様の調査をしたところ、回答者の約四割が潜在保育士と判明した。これらの調査結果を踏まえると、全国には約五〇万人弱の潜在保育士がいると推定され、その活用のための条件整備を急がなければならない。

また過酷な育児労働に対しては、ＡＩやＩＣＴやセンサー技術や監視技術なども活用すれば、保育士の現場の仕事をサポートしたり、効率化できる。役所が定めた柔軟性のない一律の保育サービスではなく、子育てバウチャーにして、保護者が真に必要とする子育てサービスを選べるようにするべきだ。

〇歳児保育を減らし、一歳児からの保育にインセンティブを与えるという方法や、自宅育児をするお母さんに給付金を支給することも考えられる。待機児童問題についても、基礎自治体（区市町村長）に権限・財源を与えて、より現場に近いところで解決することが得策だ。

なお保育士になるための養成校は全国に六百数十校あるが、それら養成校の教員が保育士の国家試験問題を作成し、一般社団法人全国保育士養成協議会の名において保育士試験に関する全ての事務を担当しているのは利益相反であり、早急な改善が求められる。

運営費の八割以上を税金で賄われている全国の認可保育所が、保育団体や保育労祖を組織し、各政党や国会議員に圧力を掛けているようでは、利用者（保護者）目線の制度改正などできるはずがない。

●官民ともにギャンブルに依存する日本

平成三〇年七月、ＩＲ（統合型リゾート）関連法が成立した。カジノ施設は、当初七年間は全国に三カ所以内の設置が法的に認められる。ＩＲ設置運営事業者は、売り上げ（カジノ行為粗収益）の三〇％を、国と認定都道府県・政令指定都市に半分ずつ納付する。一回（二四時間単位）当たり六〇〇〇円の入場料を徴収し、国と都道府県・政令指定都市に三〇〇〇円ずつ割り当てる。

そもそも外国人旅行客を増やすために、ＭＩＣＥ（Meeting, Incentive tour, Convention／Conference, Exhibition）関連の集客施設として話が浮上したはずだが、ギャンブル依存症予防のため、入場回数を「七日間に三回、二八日間で一〇回」に制限するのは、やはり日本人客に狙いがあったと解釈するべきだ。

今後、各地のＩＲ構想が具体化するだろうが、手続き上は、都道府県議会や政令市議会が承認しなければ立地できないので、ＩＲが真に必要か否かは最終的には住民の判断と言える。重要法案の多くが継続審議や廃案とされた中、カジノ法案がなぜ優先されなければならないのか、疑問に思った国民も多いのではないか。

カジノ問題の裏には、警察庁、厚生労働省、国土交通省、内閣府（カジノ管理委員会）、さらには誘致する自治体など、様々な役所組織が関与しており、それぞれに思惑がある。1施設1兆円とも試算されるカジノができれば、警察関係者はパチンコに加えてカジノという新たな巨大利権を手に入れることになるだろう。政党にとっても政治献金の打ち出の小槌になるかも知れない。

日本には、競馬（農林水産省）、オートレース・競輪（経済産業省）、競艇（国土交通省）、宝くじ（総務省）、サッカーくじ（文部科学省）など公営ギャンブルがある。それぞれの省庁が牛耳っており、傘下のファミリー企業も含めて、多くの官僚の天下り先にもなっている。

カジノの是非を議論するまでもなく、日本はとっくに世界一のギャンブル大国である。カジノだけでなく、パチンコ業界の闇を正すことや、他の公営ギャンブルの適正化も含めて議論されるべきなのに、国会でなされなかったのは、与野党それぞれにパチンコや公営ギャンブルの利権や既得権益に立脚しているからだ。

例えば京都は、料理・歴史・伝統・歌舞音曲・文化・街並み・人情・建物・建具・漆器・書画など、総合的な蓄積と深みがあるからこそ、世界にその魅力を発信できている。祇園のお茶屋の芸妓さん舞妓さんも重要不可欠な京文化の担い手であり、京都の観光産業の付加価値を大きく高めている。

そんな素晴らしい伝統文化が日本にあるのに、ＩＲやカジノでインバウンドと税収を増やし、地域振興を図る発想は、いかにも安易で知性や品格を感じられない。

●政治の常識に染まった政治家には、改革も経営もできない

土着の政治家が、中央政党の政治家（国会議員）の下部組織として機能し、その援助を受けて地方議員となり、逆に彼らの基盤に乗っかって国会議員も当選している限り、選挙互助会のような相互依存関係と古い政治風土は続き、国も地方も政治改革は一向に進まない。選挙において、政権与党の候補者として当選を続け、大臣や総理大臣になることが国会議員の最大目標であっては、国政上の課題解決や政治改革が進まないのは当然だ。

経済や経営を分からない人達に政治を任せていては、バラマキや税金の無駄使いは止まらない。今後も財政赤字が累積する度に増税が繰り返され、将来世代にツケを回す政治はやがて破局を迎えるだろう。

当選回数を重ねて大臣待機組と呼ばれる与党の国会議員が六〇名を超える。だが、派閥順送り人

事により、一年も経たずに大臣が交代する粗製濫造の政府では、長期的な国家戦略を実現できない。

中選挙区制から小選挙区制に移行してからは小粒な政治家が増えた。当選回数ではなく、真に有能な人物を能力本位で閣僚に起用することが、政治の信頼性を高め、国際的な政治交渉でも相手国から一目置かれることになる。

首相や大臣が国会に拘束されることなく、重要な外交・経済交渉・防衛問題などに専念できるよう国会運営の慣例は早期に見直されるべきだ。何かと知事や市長を拘束したがる地方議会も同様である。

●後を絶たない政治スキャンダル

政治資金問題や女性問題などで辞任する国会議員が後を絶たない。政治の停滞を防ぐのであれば、それぞれの省庁の正副大臣経験者を後任に充てれば即戦力にできるのに、大抵は新たな議員が充てられる。旧来の派閥人事や当選回数人事を踏襲している限り、実力派内閣とはならない。本気で政治改革や課題解決を図るのなら、正副大臣が一年程度で交代する閣僚人事は止めるべきだ。

法律で認められた政治資金を純粋な政治活動のために適正に使わない、あるいは管理することもできない者は政治家になるな。そんな人を政治家にした有権者にも問題あるが、選挙や選挙対策にお金をかけてきた日本政治の悪弊とは早く決別しなければならない。

政治家自身が守れないくらい複雑な公職選挙法や政治資金規正法なら、もっと国民にも分り易い法律に改正するべきだが、既得権に染まった既成政党や既存政治家には改革を期待できない。

●尻軽な政治家たちの離合集散劇

終始一貫して無党派の私は、自己の当選のために所属政党を平気で渡り歩き、政局を乗り切ろうとする政治家の尻の軽さを軽蔑している。平成二五年末、「みんなの党」の一部メンバーが結成した「結いの党」は、わずか九カ月で解散し、「日本維新の会」と合流して「維新の党」になった。ところが、それも二年足らずで分裂した。平成二八年三月、民主党や維新の党などから「民進党」が生まれたが、二年余りで解散した。平成三〇年五月、民進党の一部などが「国民民主党」を結成したが、名前からして冴えない。旧民主党や旧維新の党の四分五裂だけでなく、「希望の党」はたった七カ月で解散した。案の定、党員にとっては「絶望の党」、国民にとっては「失望の党」になってしまった。

新党の賞味期限が切れたと思ったら、古い衣服のように脱ぎ捨て、政治家がさっさと政党を渡り歩いて内部抗争を繰り返すことが国民の政治不信を一層大きくする。理念や信念はおろか、恥も外聞もないヤドカリ議員たちの離合集散は情けない限りだ。多くの国民はうんざりで、もうこれ以上の政治不信はない次元にまで落ち果てた感じではないか。政党の党是や政策を確かめず、選挙を有利に戦い、政党交付金をもらう目的の不届者を寄せ集めた「泥舟新党」では、再び沈没するのは時間の問題だろう。

そんな議員を選ぶために、国政選挙では一回五〇〇億円超の税金が投入され、さらに、八政党には年間三一七・七億円の政党交付金が議員数と得票数に応じて支払われる。その額たるや、自民一七四・八億円、立憲二七・六億円、希望三〇・四億円、公明二九・四億円、民進三五・六億円、維新一三・〇億円、自由二・六億円、社民三・七億円。（政党交付金、〔注10〕）

これまで多くの政治家は、世論の風向きが変わると合従連衡を繰り返し、あるいは看板（党名）を塗り替え、代表者（党首）をすげ替えてきた。誰が離党してどの政党に移ったなど、政治家の離合集散それ自体は、一般国民のために何も生み出してはいない。政治信条が異なる者同士が「利害」で一緒になり、「思惑」違いが明らかになると見切りをつけることの繰り返しだ。政治は「おままごと」ではない。

お互いの政策や綱領を詰めることなく、利害だけで集まったのなら「政党」ではなく「徒党」と同じである。選挙で勝つためだけに集まったのなら「選挙互助会」で、代表を崇めるだけなら、まるで「宗教団体」だ。結果を出せないばかりか、数々のスキャンダルで混乱させ、国民の政治不信を増幅させるだけの政治家ならいない方が国民のためだ。

確たる理念と政策を持ち、ブレずに信念を貫ける政治家か否かを、国民はしっかりと見極めなければならない。真に優れた人材をリーダーに選ぶことから政治改革は始まる。良い政治家を選べないのは、投票する人の責任であると同時に、投票に行かない人の責任でもある。本質を見抜く眼をもった賢い有権者になろう。

●二年も経たずにメッキが剥がれた小池都政

平成三〇年八月で小池都知事が誕生して丸二年になる。マスコミが煽って、都民もイメージ選挙に乗せられ、結局、誤った選択をしたことを都民は漸く認識し始めたようだ。二年前、小池氏は自公の都議などを悪者に仕立て上げ、それと戦うクリーンさを上手く演出した。石原元都知事の「年増の厚化粧」発言は、多くの女性から反発を買い、小池氏にとって追い風となった。

なぜ女性都知事が誕生したか。二〇一六年は国際的に女性リーダーへの期待感が高揚した年であった。ドイツ首相はメルケル（〇五年～）、韓国大統領は朴槿恵（一三年～一七年）、パリはイダルゴ市長（一四年～）が選ばれていた。それに加えて、台湾では蔡英文総統（一六年五月～）、ローマではラッジ市長（同年六月）、イギリスではメイ首相（同年七月）が誕生した。世界的な潮流も小池新知事誕生に味方したしたのではないか。

小池氏は、都政の諸問題を表に引っ張り出すことによって、多くの都民から喝采を受け、都知事選に続き都議選でも勝ったが、知事に就任した後、諸問題をいかに解決するかの具体策を持っていなかった。案の定、小池知事は方針の二転三転が始まり、国立競技場も豊洲市場も結局はほぼ元通りとなり、振り出しに戻った。それ以降、小池氏に対する厳しい評価が都民から下されることになる。今や、小池知事の求心力はすっかり低下し、かつての威勢は見る影もない。

この二年間の都政の空転は一体何だったのか。都民は二年前の選択を今どう思っているのだろうか。記者も都民も小池氏に振り回され、目くらましや催眠術に掛かっていたのではないか。豊洲移転を一年先送りされただけで約一〇〇億円の直接損失が出た。民間企業なら株主代表訴訟で経営者（知事）が損害賠償請求されるところだ。

刺激的でセンセーショナルに発信するスタイルは当初、有権者の心を掴んだ。だが、情報を小出し早出しすることによる紆余曲折や後戻りの多さは、小池知事の総合的なマネジメント力の拙さを象徴するもので、いつも無用の混乱や不信感を拡大させてしまう。

●私がもし都知事になっていたら

私がもし都知事になっていたら、五輪施設問題も豊洲問題もいち早く上手に決着を付けただろう。裏付けのある具体的解決策を選挙でちゃんと訴えたのは私だけだった。東京の都市計画の動向も把握しながら、民間の大規模な都市開発に従事してきた私には、築地市場の移転計画の経緯も含め、候補者の中で最も事情に詳しいという自負があった。

当選後、速やかに豊洲新市場の水質検査の信ぴょう性をチェックし、土壌汚染の安全性も確認して、歳末商戦の多忙な時期を避けて、翌春つまり当選から約半年で移転すると私は選挙で明言していた。

市場の早期移転や維持管理・運営コストの低減の問題と、過去の作為・不作為や刑事的な責任の追及と、施設の安全性の検証と応急措置も含めた安全対策工事は並行してできることだ。国政しか経験がなく、東京の都市計画も知らない小池氏には、都庁という大組織のマネジメントや現場の実状に即した意思決定はそもそも難しいと、私は自身の立候補会見や街頭演説で力説した。

また私は、一三年前の加西市長時代から「環境のまちづくり」を推進し、ＣＯ2削減やレジ袋の抑制などを実践してきた。当然、全ての選挙で、河川ゴミや海洋ゴミの削減とマイクロプラスチック対策を公約に掲げた。マイクロプラスチック対策を政策集に明記するなど、数々の先駆的な公約を掲げて記者会見にも臨んだが、私の環境政策は全く報道されなかった。先頃、スターバックスが環境保護の観点から、プラスチックのストローを廃止すると発表して以降、日本のマスコミ各社が漸くマイクロプラスチックや海洋ゴミの問題などを再三報道するようになった。記者やメディアの報道はその程度のものなのか。

最近、所有者不明土地の問題も報じられるようになったが、これについても私は具体的な解決策を挙げて公約に掲げていた。地籍調査の徹底、不動産登記の義務化、登記と課税の連動、土地登記簿データにＧＰＳ情報を記載することの必要性などは、私が会社員の頃から考え、提唱しているものだ。登記事由が生じたのに登記しないという状況を無くすには、即時登記は印紙代を格安にして、登記が完了するまでの年数経過とともに割高になる仕組みにして、早期の登記手続きにインセンティブを働かせればよい。

私の強みは、役所と民間の両方を経験したハイブリッド型の人間であり、基礎自治体の首長を経験したことだ。私が全ての首長選で訴えていることは、都道府県から区市町村（基礎自治体）

への分権、即ち、権限・財源・人材を段階的に移譲することだ。知事になればそれを実行し、市長になればそれを都道府県や国に対して強く要求していく。行政の現場を知る者、行動力のある首長が動いて国を動かさなければ、現場を知らない「アマチュア国会議員」では的確な問題解決ができない。

●各社の都知事選報道は酷かった

平成二八年夏、大阪市民の私が都知事選出馬のため東京に「攻め上った」。東京都下全域を選挙区とする選挙に出馬するのは、平成一三年の参院選に次いで二度目だった。いつもながら、独自の先駆的政策を掲げて立候補し、有権者に有効な選択肢を提供したかった。そして、首都東京で新しい自治のスタイルを提案することで、全国各地の市民意識を変えたかった。

平成二八年の知事選は告示直前まで参院選だったことに加えて、候補者の顔ぶれが告示直前まで出揃わなかったために、候補者の出馬動向の報道がもっぱらで、選挙前の政策報道はほとんど無かった。加えて、多くの記者は、見るからに若くて経験不足かつ調査不足で、社会問題や政治課題についての認識や斬り込みが甘かった。その結果、争点を明確にできず、取材もピントがずれてしまう。

私は、都知事選の告示日前に、東京青年会議所主催の公開討論会に招かれ、山口敏夫氏、小池百合子氏、宇都宮健児氏、増田寛也氏と私の五名で討論した。新聞報道では、「小池・増田・中川の三氏を軸に論戦」とも報じられた。翌日、宇都宮氏は出馬を断念し、代わりに鳥越俊太郎氏が急きょ立候補することで一本化された。その時から報道各社は、小池・増田・鳥越の三氏を「有力三候補」、それに中川・上杉・山口を含めた六名を「主要六候補」と報じた。

二一名の候補者の中で、基礎自治体の首長の経験と実績があったのは私だけだった。また、都の都市計画を先導する形で、民間の立場から東京の都市開発や建設事業に二〇年以上携わってきたキャリアがあるのも私だけだった。何よりも私は東京に二三年間住んで働いたという思い入れもあった。

私は、都から区市町村への分権、公民連携、減税、プラチナ都市、AI・ICT行政、自動運転、投票ポイント制度、知事報酬半額、議員在職定年制度、豊洲市場の早期供用、地域通貨（トークン）、所有者不明土地体策、マイクロプラスチック対策、殺処分ゼロなどの公約を掲げて立候補した。特に、公約の筆頭に掲げた、区市町村への分権は、市長や行政区長を経験した私ならではの公約だった。都庁からの分権を謳《うた》った都知事候補は後にも先にも私だけで、都下の各自治体にとっては大いに歓迎されるべき政策だった。

●知事報酬半額？　大きく報じるメディアの浅墓さ

私の会見から数日後に小池氏が会見し、知事報酬半額を公約に打ち出した。マスコミ各社はそれを大きく報じたが、そもそも「知事報酬半額」は私の方が先に公約として発表していた。私の政策は真似てもらって結構だが、オリジナルの公約を報道せず、パクリの政策を報じるマスコミの姿勢はおかしい。

都知事選で次世代型高齢者コミュニティ（ＣＣＲＣ）の整備を公約に掲げ、選挙公報にも掲載したのは私だけだった。選挙期間中、ＮＨＫ「ニュースウォッチ９」でも私の高齢者向けの公約の一つとしてＣＣＲＣが報じられた。大都市はこれから急速に高齢化を迎えるので、先の大阪市長選や兵庫県知事選などでも、私はＣＣＲＣと健康経営を公約に掲げたが、その恩恵を受けるべき人達の意識が未だ希薄なのは残念だ。

告示日の数日前に急きょ出馬表明した鳥越氏が、何も具体的な政策を持たないまま立候補するなど、完全な知名度選挙・イメージ投票となり、都民は都政の問題点をよく考える機会がないまま投票日を迎えることになる。私は、有権者の気付きや政策論争に繋がることを願っていたが、候補者が多過ぎてせっかくの政策も霞んでしまった。

各社の酷い偏向報道は、鳥越氏の緊急参戦を側面から支援する狙いがあったと思われる。立候補表明を一番後出しにして、確たる政策すら発表していない人物がなぜ知名度だけで都知事候補として「有力」なのか。私は他の主要候補とは討論番組などで一緒だったし、鳥越氏の街頭演説は二度聞いた。政策の中身が全くないし、都政への認識不足も甚だしい。

選挙中、「知名度だけで投票するとまた同じ失敗を繰り返すことになる」と、私は警鐘を鳴らし続けたが、鳥越氏が当選しなかったのは良かったと思っている。自分たちの面子や思惑から、こんな候補者を無責任に擁立した政党・団体の見識が問われる。

何の政策もなく突如出馬した鳥越氏だが、その知名度と野党共闘そしてメディア各社の協力ゆえか、予想以上の大量得票となった。増田氏は、自公の基礎票を頼みとしたが、小池氏に浮動票や無党派の多くの票が集まった。「有力三候補」に投票が集中したために、三候補以外は私を含め一八名全員が供託金三〇〇万円を没収される結果となった。

都知事選の最中、林英臣氏からは、「(有力三候補とされる)三人とも嫌いという方には、中川暢三候補を推薦する。中川氏は松下政経塾の同期で、市長や区長の経験もある。先の大阪市長選にも出馬しており、都市政策の知恵は誰にも負けないものを持っている。人間性も落ち着いている。このまま眠らせておくのが、とても残念な人物である。」とのコメントを発してくれていたことを、私は選挙が終わってから知った。感謝に堪えない。

●多くの市民は、報道や知名度に流されてしまう

旧来の選挙報道に染まり切った記者にとっては、立候補予定者の個別具体的な政策や実務能力

よりも、「〇〇党推薦」「当選何回」というタイトルに目が行くのであろう。残念ながらここでも、東京都（都道府県）から六二の区市町村（基礎自治体）に分権を進めることの意義や政策的価値をしっかりと理解できる記者はいなかった。無理もない、各社の都政担当記者は若くて経験も浅く、二～三年で入れ替わる人達だ。

有権者一一〇八万人、投票率五九・七三％、私は「主要六候補」とされたが、マスコミの「有力候補」三人の報道時間は全体の九七％だった。その結果、小池二九一万票、増田一七九万票、鳥越一三四万票となり、その三氏で投票総数の実に九一％を得票した。

都知事選の争点であったはずの「豊洲移転問題」だが、小池氏が知事当選後、具体的決着を先送りしたために、都議選での争点になってしまった。豊洲問題の本質を理解し、知事に当選したらいかに解決するかを、都知事選で明確に論じ合っていれば、豊洲への移転はとっくに完了できた話だ。

マスコミ各社が「有力」とした候補者の中で、鳥越氏や小池氏が都知事として優秀なのか、的確なマネジメント能力と判断力が伴っているのか。知名度と能力は大抵一致しないことは、過去の選挙結果が物語っている。

もし、私が都知事選に立候補していなければ、私は増田氏をお薦めしただろう。なぜなら、公民連携やプラチナ都市の各研究会などで何度もご一緒し、増田氏のリーダーシップや堅実さを私は承知しているからだ。残念ながら、都知事選では私の立候補表明が先になってしまい、その後に増田氏が立候補を決められたため、応援できなかった事情がある。

候補者の中で地方行政の現場を知っているのは増田氏と私だけだったが、基礎自治体（区市町村）への分権を明確に主張し続けているのは、全候補者の中で私だけだ。さらに、私の強みは民間の発想と経営手法があり、シガラミが一切ないことだ。

●政治のイノベーター　延べ四二五〇万人に訴えてきた

私は、橋下氏が市長を退いた後の平成二七年の大阪市長選に出馬した。私にとっては大阪市北区長の経験も含め、一二年以上の政策研究と自治体経営の実践経験を踏まえたものだった。だが、有権者の殆んどは、マスコミ報道によって「都構想、是か非か」というワン・イシューに染められてしまった。

もし、さかのぼる平成一五年秋の大阪市長選で私が当選していたら、大阪は大きく変わっていたはずだ。恐らく平松市政は誕生しなかっただろうし、逆に橋下市政を誕生させた大阪市民の鬱積と爆発力は生じなかっただろう。

私は、選挙に立候補する時は、戦地に赴く出征兵士のような気持ちでいつも立ち上がる。政治の混乱を放置しておけない、日本の将来のためにとの使命感から行動を起こす。独力で選挙に出るためには、選挙期間中はもちろんのこと、政策の立案、立候補の準備、会計処理や後片付けなどに、時間的・資金的・肉体的・精神的に多くの負担と犠牲を強いられる。

当選すれば必ず公約を果たし、キッチリと結果を出す覚悟が私にはあるが、今の選挙制度では戦いたくないというのが本音ではある。私は社会的問題を創造的に解決するための政策ソリューションを考え、それを実行するのは好きだが、政策論争の十分な機会が保障されず、お金と組織に支えられた政党の候補者が有利になる今の制度下で戦う選挙は正直大嫌いだ。

私は、政党に所属し何年も政界に身を置いてきた議員たちとは背景も考え方も全く違う。「政治のアウトサイダー」であり、政治や行政のあり方を新たな発想で根底から変革する「イノベーター」

を自任している。大阪市長選（平成二七年）、東京都知事選（平成二八年）、兵庫県知事選（平成二九年）に立候補したが、他候補と私の大きな違いは次の通りだ。

① 国や都道府県から基礎自治体（区市町村）への「分権」を一貫して政策に掲げ、唯一市長の経験と改革の実績が顕著。大きな選挙でも政党候補者と政策で堂々と渡り合える。
② 官民両分野の経験と実績があり、「現場」を大事にし、政策の基本が「経営」にある。
③ 社会課題の解決策を経営的視点から考え、行政にイノベーションを興すこと、新しい自治体経営を実践することが政策の根幹にある。政治の世界しか知らない人では、地域経済の活性化や自治体経営はできない。

これまでに私が立候補した選挙区の合計人口は延べ約四二五〇万人を超える。日本の全人口の約三分の一の国民に対し、政策本位選挙の重要性を訴え、かつ先駆的な政策を示すことで、有権者に選択肢を提供してきた。過去の選挙報道などでは時々差別的な扱いを受けてきたが、それでもテレビのニュースや政見放送、新聞記事などを通して、選挙区以外の国民の目にも留まったと思われる。

私は、いつも選挙ポスター・選挙公報・政策ビラに、自分の携帯電話番号とメールアドレスを明記している。これは一六年前からずっと続けていることだ。携帯電話番号なども変更せず毎回告知するのは、私自身の言動や生き方に対する誇りと責任の表れでもある。私は、逃げも隠れもしないし、選挙の場所は違えど、主張する政見や政策の根本は同じで、終始一貫している。

●起こるべくして起きた新国立競技場の問題

新国立競技場や豊洲新市場の建設プロジェクトに共通する問題点として、意思決定権者が現場の実情をしっかりと把握していなかったこと、ガバナンスが機能していなかったこと、市民国民への情報発信や説明が果たされていなかったことなどを挙げられる。これらは役所の意思決定過程でよく見られることだ。

責任を取らない者、現場をちゃんと見ていない者が集まって、下から上がってくる資料をもとに机上の議論をする。その原案も、担当職員が綿密に考え抜いたものではなく、委託先などに任せたものだ。法令で白黒がつく分野だけで仕事をしてきた「エリート」たちは、未経験の事案に対しては思考停止に陥り、正しい判断ができず、往々にして小田原評定になりがちだ。私は、大阪市役所の会議でも何度も遭遇した。

旧国立競技場の解体工事と本工事の工期がとてもタイトで、工事費も莫大であることを考えれば、建て替えではなく、既存の国立競技場のリノベーションというも選択もあった。満九〇歳の甲子園球場も先年リニューアルされ、一〇〇年を超える古民家もリフォームで再生されている。既存施設をリニューアルするという選択肢もあったが、哲学の無いトップにはそのような発想は当初から無かったのだろう。

日本を象徴する新しい国立競技場は、環境と調和して生きてきた日本の伝統や美学を具現化するプロジェクトであってほしかったが、そういう議論がないまま国際コンペになり、出てきたザハ・ハディドのデザインは和の心を微塵も感じないものだった。あの自転車ヘルメット型の外観を見て、強い違和感を覚えたのは私だけではないだろう。最終的には、安倍首相自ら動いて、設計者が変更されることになったが、そこに至るまでの紆余《うよ》曲折《きょくせつ》の時間とコストは本当に勿体《もったい》ないものだった。

新国立競技場については、その構想段階や基本計画段階から多くの問題を内包していたが、政治家も行政も事務局にも、責任を持ってプロジェクト全体をマネジメントができる人材が欠けていた。当然の結果として、下記のような問題が生じた。

①　理念・コンセプト・レガシーを固めずにコンペに付し、外国人アーキテクトに決めたこと。
②　設計と施工が分離され、トータルなコストバランスを考えなかったこと。
③　工事入札で競争性が十分に確保されないまま業者が決められたこと。
④　イニシャルコストばかりが議論され、維持管理費やライフサイクルコストの比較が無かったこと。
⑤　公民連携など民間の知恵と活力を引き出す手法が採用されなかったこと。

新国立競技場や豊洲新市場などについて、小池氏が知事当選後に言い出した問題点の多くは、実は選挙前から分かっていたことだ。それらを現実的にどう決着をつけ、解決するかということこそ選挙討論会などで議論されるべきものだが、メディアの記者も調査不足・認識不足で、各候補者の政策や政見の本質的な違いまで掘り下げて報道しなかった。

もし私が知事に当選していたら、就任直後にこれら問題点の解決にいち早く動いて決着をつけ、次年度の予算編成を通して前向きな改革に取り組んだ。

税金を大切かつ有効に使う能力のない人に税金を預けては、無駄遣いが繰り返される。時々のトップが意思決定（判断）を間違えると、そのツケは後々まで引きずられてしまう。担がれ、祭り上げられただけで、現場や実務を知らないトップでは、的確な指示やチェックができず、プロジェクトは往々にして停滞し後退する。

私の尊敬する松下幸之助や本田宗一郎など、独力で叩き上げた創業者には、気付きと豊かな発想力、そして哲学と信念があった。成熟社会の日本では、現場を知らない人、実践を軽視する人、机上だけで考える人が増える一方、公への奉仕精神、覚悟と責任、職務に対するプロ魂がすっかり薄らいできた。実務を担う人、作り上げていく人達ですらそうだから、指導者層では事態はもっと深刻で危機的ではと思われる。これでは、理論と実践、知識と現場が乖離し、後々色々な問題が生じるのも必定だ。教育理念や人材育成の過程そのものを見直す必要がある。

●儚《はかな》く消える政党の公約こそ泡沫《うたかた》だ

二〇〇九年衆院選で民主党がマニフェストに掲げた「国家公務員総人件費二割削減」などの公務員制度改革は、政権与党となった瞬間から停滞した。それもそのはず、民主党の支持母体は、連合をはじめとする各種労働団体だ。特に、公務員制度改革には、公務員労働組合（全日本自治団体労働組合、日本教職員組合、日本国家公務員労働組合連合会など）が強く抵抗した。出自からしても民主党には公務員制度改革など期待できない。できもしない公約、やりもしない政策を掲げて政権を取る。選挙に勝ったらそれを反古にして、ポーズだけで終わらせるやり方は国民を欺く行為だ。

先の加西市長選でも、職員組合や自治労の支援を受けた元職員組合執行委員長が再選した。案の定、総人件費総額二割削減の公約を早くも逸脱、当選直後に人件費総額を増やし、職員数まで増やそうと目論んでいる。労働系にはそもそも「経営」などできない。

総人件費二割カットという類似公約を掲げた民主党（当時）の蓮舫氏と、みんなの党（当時）の渡辺喜美氏に、どういう手段・方法とスケジュールでそれを実行する考えなのか、私は、内外情勢調査会（時事通信社）の席上、お二人に質問した。渡辺氏も蓮舫氏も、それぞれ自民党と民主党政権下の公務員改革担当相だ。

その結果、二割カットの具体的裏付け、実現可能性、説得力の点で、私はやはり渡辺氏（みんなの党の政策）に軍配を上げたが、みんなの党も民主党も既にこの世にない。政党の政治公約ほど担保がなく儚いものはない。

●障害者雇用の実態にみる役人の本音と建前

昨年、中央省庁による障害者雇用促進法の違反事件が何度も報じられた。水増し数は何と三四六〇名。公表数値二・四九％に対し、実際の数値は一・一九％、当時の法定雇用率二・三％の約半分だ。三四の府県でも同様の水増しが発覚した。省庁別で最も多かったのは国税庁でおよそ一〇二〇人、次いで国土交通省がおよそ六〇〇人、法務省がおよそ五四〇人、防衛省がおよそ三二〇人、財務省が一七〇人などとなっている。

厚生労働省の外郭団体「高齢・障害・求職者雇用支援機構」が毎年、企業で働く障害者について障害者手帳などを確認するほか、三年に一度、監査に入る。企業で働く障害者は去年六月の時点で四九万六〇〇〇人と過去最多になっているが、義務づけられた雇用率を達成した企業は全体の半数でしかない。実態以上に厳しい雇用率が義務付けられている。

障害者雇用率は、兵庫県二・七％、神戸市三・一％で、法定の二・五％を上回っている。一方、兵庫県教育委員会は、「プライバシーに配慮して」障害者手帳や医師の診断書などの確認はしていないという。「障害者」という枠で雇用する以上、その資格要件を確認するのは当然のことで、それができていないのは職務怠慢だ。私が知事や市長なら、早期に是正するよう教育委員会に要請する。

中央省庁だけでなく、多くの都道府県や教育委員会、さらには裁判所まで水増ししていた。障害者雇用が義務化されて以降ずっと続いてきたもので、安倍政権だけの責任ではない。政治家（国会）が決めた法律を実行する立場の役所（官僚）が、長年、建前と本音を使い分けてきたものと思われる。全く酷い話だ。役所自ら守れないような法律なら作るな。

これほど広く水増しが行われていたことからすると、厚労省の当時の担当たちは、障害者とその団体にいい顔をし、労働団体などにもいい顔をしつつ、本音では「努力目標程度の甘い運用で

ＯＫ」と、雇用側との裏約束が法改正の過程であったとしか思えない。

身体障害者雇用促進法（昭和三五年）が制定されて既に五九年が経過、義務化（昭和五一年）されてからは四三年が経過している。民間企業が達成できていない場合は、不足数一人につき月五万円の納付金が課されるほか、達成のための行動計画の作成と実施を厚労省から勧告され、従わない場合は企業名が公表される。ところが、国や自治体など公的機関は、第三者チェックがなく、雇用率を達成できなかった場合の納付金もない。官公庁は悪いことをしないという前提は最早通用しない。

●有権者には、投票に行く責務と未来に対する責任がある

私たちは学校の授業で、民主主義や選挙の仕組みなどについて学んだ。しかし、自治の当事者として自ら政治参加できていない国民が大多数だ。わが国の民主主義の歴史的経緯を振り返ると、私たちに付与されている選挙権や被選挙権の重要性が理解できる。投票に行かず「棄権」を繰り返す人には、是非とも選挙の意義を再認識し、有権者の責務を果たしてほしい。

低い投票率になれば、それだけ政策が議論されないまま選挙が終わる。その結果、政党や組織の支援を受け、多額の選挙資金を使った候補者が選ばれてしまう。既得権益を得続けようとすれば変化を嫌い、信任を得るための努力もしなくなる。政治に不満があるならば、その手合いを追い出すか、逆にきっちりと仕事をさせるしかない。そのための最も強力な手段が選挙だ。自治や政治に目を向け、選挙の際には進んで各候補者の政策にアクセスし、比較検討してほしい。全ての有権者には、投票に行く責務と未来に対する責任がある。有権者の権利意識や厳しい目が政治家を正しく律する。

今年、日本は明治維新一五〇周年を迎える。明治初期の藩閥政治に対する不満から自由民権運動（民撰議員設立建白書）が全国的に広がり、明治二二年（一八八九年）、大日本帝国憲法の公布と帝国議会の開設に繋がった。だが、当時は制限選挙であり、選挙権は、国税を一五円以上払っている満二五歳以上の男性に限られ、全人口の一・一％にしか選挙権が付与されていなかった。

すべての成人男性に選挙権が与えられたのは、大正一四年（一九二五年）、衆議院議員普通選挙法が施行されてからだ。翌年には地方議員の選挙権も成人男性に与えられたが、女性の参政権は未だ認められていなかったため、平塚らいてうや市川房枝らが婦人参政権の獲得運動を展開した。

終戦後、ＧＨＱの占領下、昭和二〇年（一九四五年）に改正衆議院議員選挙法が公布され、二〇歳以上の全ての成人男女に選挙権が与えられ、わが国の「女性参政権」と「完全普通選挙」が実現した。昭和二二年（一九四七年）には地方自治法が公布され、それまでは「中央政府の下部機関」であった都道府県が、市町村と同じ「普通地方公共団体」と位置づけられたことで、知事も選挙によって選ばれるようになった。

今日、少子高齢化と人口減少、インフラや公共施設の老朽化、地域経済の衰退、地域公共交通や地域医療をいかに維持するかなど、地域を取り巻く諸問題が山積し、年々深刻化している。財政破綻をいかにして防ぐか、持続可能な社会制度にどう変更するのか。国民に事実を伝え、理解を求め、新たなビジョンを示して体制を組み直すのが政治の役割である。政治家には時代を先導できる見識と実行力が求められる。近隣の自治体と横並びで、過去のやり方を踏襲するだけなら、それはせいぜい一般職公務員の仕事であり、首長の責任を果たしているとは言い難い。

●仕事ができず、小粒で自己保身の塊のような政治家ばかり？

自ら捨て石となってでも日本を良くしようという政治家が一体何人いるだろうか。選挙と自己保身と政局の立ち回りだけは上手だが、仕事ができない政治家が多過ぎる。二世三世さらには四世の政治家が増え、小選挙区制になって以降、現場を知り、具体的な解決策を示せる政治家が育っていない。公約を命懸けで実現する信念の政治家が年々少なくなっている。

人口が減っているのに国会議員の定数が増えた「参院定数六増」（平成三〇年七月、公職選挙法改正）などは、その最たるものではないか。政治不信や行政への不満をもつ国民は多いが、有権者・納税者として、政治や行政をしっかりとチェックして来なかった結果が、残念ながら今の日本の政治の現状である。

選挙や政治参加を疎かにしてはいけない。市民による自治や政治参画が民主主義の原点であるのに、私たち国民が自治を疎かにしてきた結果、政治の堕落や腐敗が繰り返されてきた。政治の主役である有権者が、自治をしっかりと機能させなければ、政治を正すことはできない。

国民の利益や国家の将来よりも政党の利害を優先する政党政治と決別し、自治や政治を主権者である市民の手に取り戻そう。国民の高学歴化が進み、インターネットのインフラが整い、ＳＮＳも発達した今日、それができる状況になっている。

ＡＩが進化すれば、出来の悪い議員らで構成された今の議会よりも、遥かにまともで合理的な意思決定ができるだろう。国内他都市の事例だけでなく、海外の先進的事例も参考にしながら、市民・国民のために最適解をＡＩが提案してくれる。それを市民がネット上の住民投票で決める日はそう遠くないと思う。

少なくとも今は、サラリーマンでも会社を辞めずに志と政策だけで立候補し、不利なく戦える選挙制度にしなければ、政治は一部政党に「占領」されて、有権者の思いや現実社会と遊離したものとなる。

■コラム　総理大臣を退いたら

二〇一一年一〇月、菅元首相（当時は前首相）が四国霊場八十八か所お遍路の旅をした。猛暑や豪雨も過ぎて巡礼には最適の気候で、首相時代の殺人的激務から解放されてホッとしたい気持ちもわかる。一日も早い復旧復興を祈りながら歩くとのことだったが、前首相で政権与党の現職議員なら、もっとやるべきことがあるだろう。被災地だけでなく日本全体が大変な時、山積する難問を政治のリーダーシップによって、前倒しで解決してもらわねばならない時に、国会議員としての自覚に欠けるとしか思えない。

巡礼したいのなら、議員を辞めてからすればよいことだ。鳩山元首相も同様だ。退任した元首相が、中国や韓国に出かけては、誤った日本の近現代史について詫びるなど、日本の国益を著しく害する行為を続けている。首相や衆参議長など、国会議員の最上位のポストに就いた者は、その地位を退いたら、国会議員を辞して後進に道を譲るべきだ。そのための憲法改正と関連法の法律制定をしてほしいものだ。

第三章　国民に増税を強いる前に、政治がやるべきこと

●増税なんてとんでもない、こうすれば減税は可能だ

大阪市長選、東京都知事選、兵庫県知事選など、私は全ての首長選挙で、行政を効率化して浮かせたお金で市民税や固定資産税を「減税」することを公約の柱の一つにしている。財政は危機的なのに、多くの議員は役所の財政支出を厳しくチェックすることなく、アレをしてほしいコレをしようと要求し、子どもにツケを回してきた。市民・納税者の多くも、税金の使われ方を正すために行動してこなかった。

成長戦略によって、財政再建と減税を同時に達成することはできる。減税しても税収自体は増やせる。いかに財源を確保するか。遊休資産を活用するなどして税外収入を増やす、課税逃れや課税漏れを防ぐ、税金の無駄遣いを無くす、廃棄するゴミの量を減らす、規制緩和などにより新しい需要や経済価値を創造する、社会的課題を解決する民間サービスを促す、健康な国民を増やす、経済的にも自立した勤勉な国民を増やすとともに、行政や議会の意思決定を早めて生産性を向上

させるなどのアプローチが考えられる。
そのためには、行政に依存しない主体的な国民を育てるとともに、国民が賢い選択をして、優れたリーダーを選べるか否かにかかっている。その意味でも教育が大事である。

行政手続きの簡素化と簡略化を進めれば、官民の双方の事務負担を軽減できる。ＡＩやＩＣＴを活用して、議会や行政の仕事のやり方を変えることも必要である。議会の運営方法も変えれば、議員定数も減らせるし、行政職員のマンパワーをもっと前向きな業務に集中できる。また、将来の雇用と税収に繋がる分野に優先投資したり、新しい課題にチャレンジし、新技術も導入することが、日本や地域の経済力を高めることになる。そうすることで、地域の雇用増と税収増が図れ、まちに活力が生まれる。

例えば、認知症などの社会的コストが年間一四・五兆円かかっている。自らの心身の健康を自ら守るという意識の高い国民を増やす政策（インセンティブ政策）なども取り入れて、国民の健康寿命を延ばすことが、医療費や介護費の抑制を通して自治体財政の悪化を防ぐことに繋がる。

●松下幸之助が唱えた無税都市（無税国家構想）は不可能ではない

大阪市は、二〇一五年四月から政令市初の発生主義・複式簿記・日々仕訳による本格的な新公会計制度を始めた。私も公会計を研究・実践してきた者として、「開始貸借対照表」から大阪市の資産・負債・純資産の状況をチェックした。公表された一般会計・特別会計に加えて、私は公営と準公営の企業会計（バス、地下鉄、上下水道など七事業）も含めた、全会計の連結数値を算出した。

その結果、大阪市全体で総資産一九兆一九一億円、負債五兆四三一億円、純資産一三兆九七六〇億円を抱え、市民一人当たり一八七万円の借金とともに、五〇〇万円の純資産を保有していることが数値上、確認できた。

事業の選択と集中、適切な事業運営、公共資産マネジメントなどにしっかり取り組めば、子供たちや将来世代にツケを回すことなく、財政健全化と減税そして将来的には無税都市とすることが不可能ではないと私は確信した。

松下政経塾に学びながら、松下幸之助翁が提唱した「無税国家」を唱えたり、「減税」を主要公約に謳っている政経塾出身の政治家を私は知らない。

市長に就任した当時、加西市の借金は市税収入の一〇年を超える六五六億円（市民一人当たり一二九万円）あったが、将来のために必要な投資もしながら、六年間で過去の累積債務の二五％（将来負担利息も含めると三三％）を削減できた。

この経験と実績から、私は、財政再建と減税は両立できるとかねがね主張している。財政状況にもよるが、多くの自治体では、全会計の事務事業を合わせると市民一人当たり年間一〇〇万円前後のコストを掛けているから、大雑把に言うと、業務の生産性を二～三％向上するだけで、市民一人当たり二万円程度の減税が可能である。ゴミの量を減らせば、ゴミの収集・焼却のコストを減らし、焼却炉の維持管理費や最終処分場への税金投入を減らすことができ、減税やＣＯ２対策上も有効だ。

御用学者を使って財務省が主導し、各党や経営者までもが賛同している消費税の増税などとんでもないことだ。消費税は、平成元年三％（竹下政権）、平成九年五％（橋本政権）、平成二六年八％（安倍政権）で順次増税されたが、橋本増税によって日本経済が失速し、税収は激減した。小泉政権下では、少なくともリーマンショックまでは増税によらず財政再建が進んでいたように、景気を良くすれば、後から税収増はついてくるものだ。

●子ども（次世代）にツケを回さない

平成三〇年時点で、大阪市の借金は三兆六七五三億円で、市民一人当たり約一三五万円。大阪府の借金は六兆二二九四億円で、府民一人当たり約七〇万円。大阪市民は、市と府の借金に国の借金（一人当たり八五三万円）を加えた約一〇五八万円を、市民一人ひとりが家計以外に背負っている計算だ。

私は「子どもにツケを回さない」をキャッチフレーズに、増税なき財政再建をいつも公約に掲げている。日本税制協議会（ＪＴＲ）の「納税者保護誓約書」に署名し、納税者に負担を強いる一切の増税はしないとの立場を明確にした候補者は毎回私だけで、都知事選では、私と七海候補（幸福実現党）だけだった。

減税や財政再建の進め方は、先に詳しく述べた通り。まず役所内部や議会が徹底的に経営努力をすることだ。事業の選択と集中、職員の意識改革、小さな役所、職員の能力とヤル気を引き出すこと、生産性の向上など、色々と具体的な方法が考えられるが、紙面の都合からここでは割愛する。

次に、公民連携（ＰＰＰ）手法と市民参画により、外部の力を活用すること。民間企業やＮＰＯや市民団体などの知恵・ノウハウ・技術力・資金力などを、新しい公共の担い手として活用する。

市民負担を軽くし、企業活動の足を引っ張らない自治体に変身させることが肝要だ。

目先のコストカットではなく、ＩＣＴやＡＩなどを積極的に活用して「行政のイノベーション」を進め、役所の業務を効率化できれば、税金を安くしたり、過去の借金を前倒しで返済したり、より必要な分野に税金を使うことができる。出費（歳出）を切り詰めるだけでは、単なる縮小均衡に過ぎず、効果は一時的で長くは続かない。むしろ成長分野やこれから社会が向かうべき新分野にお金を使い、将来の雇用増・税収増に繋げる戦略が不可欠だ。

私は、市長の経営責任ないしは期間業績を、数値化して市民（納税者）に明確に示すためにも公会計が重要であると考え、千葉商科大学大学院の吉田寛教授、関西大学会計専門職大学院の柴健二教授、早稲田大学大学院の小林麻理教授ほかに、それぞれご指導いただきながら公会計の研究を続けてきた。現在は、早稲田大学パブリックサービス研究所の招聘研究員、東洋大学ＰＰＰ研究センターの客員研究員として、さらに知見を広めているところだ。

●行政や医療分野などにも活用できる「ブロックチェーン」

ブロックチェーンは、ある情報が真正であることをシステムの参加者が保証し合う仕組みであり、中央の管理者が存在する旧来のシステムとは違って、多くのさまざまな参加者で情報を共有・連携しながら、情報が改ざんされることなく、低コストで安全かつ正確に管理することができる。効率性と安全性に優れたシステムである。

「契約」「権利」「財産」「資格」など、ブロックチェーンの特性を活かせる分野は多々あり、金融・法務・医療・農業・物流など幅広い分野に応用できる。

北欧のエストニアは、行政の全般にわたってＩＣＴやブロックチェーンを活用し、高度に電子政府化を進めた国家だ。住民データ、保険医療データ、民間の電力・ガス・通信などすべてがインターネット上で管理され、国民一人ひとりが自身の情報や手続きの状況を閲覧できるようになっている。

電子カルテなど患者の医療・健康情報記録（Electronic Health Record）にもブロックチェーンが使われ、医療機関を越えて患者の情報が共有されており、より安全かつ効率的に運用されている。

クラウド型電子カルテを進化させたブロックチェーン型電子カルテによって、医師が患者の電子カルテを閲覧したり記入したり、患者本人が許可すれば、別の医療機関の医師が当該患者の電子カルテにアクセスすることもでき、投薬履歴の閲覧など患者の医療情報などもシステム上で共有できる。

個人の医療情報や保険情報をブロックチェーンで管理すれば、医療機関に受診する際、保険適用の可否などを容易に確認できるようになる。遺伝子情報の管理、医薬品の管理、治験データの管理、データの不正改ざんの防止などにも活用できる。

このように、ブロックチェーンを医療情報や健康情報の分野に導入することで、自治体・患者・医療機関・介護サービス・保険会社・製薬会社などの事務や諸手続きや情報共有が効率化でき、役所・市民・医療機関などのコストも含めた負担を大幅に軽減できるだけでなく、診療報酬や医薬の不正請求も根絶できる。

●電子型地域通貨や仮想通貨の可能性

従来型のマネー（現金）は通貨供給量を増やしても、その多くが退蔵されて社会や市場に出回らず、一部の資本家だけが潤い、一部はアングラマネーにもなっている。ブロックチェーン技術が裏付けとなる仮想通貨は、為替変動・戦争・国家経済の破綻などの影響を直接受けない。スウェーデンではキャッシュレス化が進み、今や現金取引は僅か一・三％だけになった。ドイツの地域通貨「キームガウアー」（Chiemgauer）は、その三％が寄付金として地域社会のために充てられ、使用期限までに使わないと目減りする仕組みになっている。

先進国の中でも日本は現金決済の比率が高い。経済産業省の国際比較（二〇一五年）によれば、日本のキャッシュレス決済の比率は一八・四％で、韓国（八九・一％）や中国（六〇％）はもとより、カナダ（五五・四％）、イギリス（五五％）などに比べて遥かに及ばない。

日本では、全国至るところに金融機関のＡＴＭが設置され、コンビニエンスストアのＡＴＭでは二四時間、現金を引き出すことができる。これほど現金決済のインフラが整っている国は世界中でも日本だけである。商慣習の上でも現金取引を尊重する文化が根付き、現金取引を前提とした券売機や通貨処理機などの高性能化も進んだ。

半面、現金を扱う金融機関や量販店・小売店などの手間とコストは増えてきた。例えば、銀行ＡＴＭのメンテナンスコストは、一台当たり年間三〇〇万円とも言われ、日々の帳尻を一円単位で突き合わせ、現金の保管・輸送する手間とコストがかさむ。政府は「二〇二七年までにキャッシュレス決済の比率を四〇％とする」との目標を掲げ、新しい技術を取り入れてキャッシュレス化を進めているが、出遅れ感と漸く感は否めない。

これまでも日本には「キャッシュレス決済」の様々な仕組みはある。クレジットカード、デビットカード、Ｓｕｉｃａや楽天Ｅｄｙ、ＷＡＯＮなどの非接触式電子マネー、Ｔポイントなどのポインサービスがある。さらには、これらを束ねて管理できる「ＡｐｐｌｅＰａｙ」や「ＧｏｏｇｌｅＰａｙ」といったウォレットサービスも登場している。キャッシュレス化を進めることで、無人レジや無人店舗なども可能となり、店舗運営の効率化を図れる。また決済データを蓄積することで、消費者一人ひとりの購買データを収集・分析でき、各種統計データやマーケティング戦略にも活用できる。

だが、現状はキャッシュレス・サービスが乱立し、選択肢が多過ぎて、消費者や小売店は一体どれが便利で何を利用するべきかよく分からない状況ではないか。日本は、個々には多様なサービスがある世界有数の技術先進国なのに、国全体として統一性のある形でのキャッシュレス化は進んでいない。政治のリーダーシップと公民連携が一層待たれる。

●所有者不明土地もブロックチェーンで解決できる

所有者不明土地とは、本当の所有者の所在や氏名がわからない土地を指す。不動産登記簿上の登記名義人が既に亡くなっていてその相続人の特定ができないか、転居先が不明で連絡がつかない状況にある。相続登記がなされないと、登記簿上の情報と実情にギャップが生じる。国土交通省の調査でも農水省の調査でも、全体の約二割が相続未登記のまま放置され、不動産登記簿では旧所有者の名義のままになっているとされる。法務省の調査では、登記簿上で最後に権利移転が行われた年から五〇年以上経過をしているものが、大都市では六・六%、中小都市・中山間地域では二六・六%に上るという。

ある人が亡くなった時、医師の死亡診断書とともに最寄りの市町村に死亡届が提出される。市町村での死亡届は、国からの機関委任事務で市町村の固有事務ではない。現住所地の役所で死亡届を受理し、本籍地の役所に戸籍届を送って死亡を記載してもらうとともに、住所地では住民票の除票を行う他、所轄税務署長に死亡を通知する。

このように、一人の死亡に関して市町村・法務局・税務署など、さまざまな機関に情報が伝えられる。その後、親族は、生命保険会社や金融機関などにも死亡を伝えて遺産を整理する。

一方、自治体内に住民登録も戸籍もない納税義務者（不在地主）が死亡した場合、現行制度では、死亡の情報が当該自治体に通知される仕組みがない。それゆえ、相続登記がなければ、納税義務者の異動を地元自治体が把握することは難しい。

私は、これらの情報のやり取り・認証・諸手続きにブロックチェーンを使えば、役所も個人も関係企業も大助かりとなり、所有者不明土地に絡む大抵の問題は一気に解決できると考えている。

●スマートシティを超えた「プラチナ都市」の姿

私は、高速道路だけでなく地方の一般道路などでのＩＣＴやＩｏＴの活用、車両全体の流量管理、自動運転システム、車速と車間距離の統制、カーシェアリング、パーク＆ライド、一方通行の見直しなども選挙公約に掲げ続けてはや六年になる。

私が初めてドローンを見た時からイメージしていた、近未来の乗り物「マルチコプター」がドイツで既に実用化段階にある。自動車の電動化や自動運転化とともに、新たな移動手段として開発実用化に取り組むべきだ。小高い山やため池を迂回して道路が走る地域などには絶好の技術だと思う。

日本の素材技術、制御技術、システム開発、ものづくりの力を活かし、政府による規制緩和や特区などにチャレンジすることでイノベーションを起こし、産業活性化と新たな市場創造を図れる。

日本の優れた制御技術・センサー技術・通信技術などをもっと社会インフラに活用すべきで、そういう新たな取り組みが産業を発展させ、新たな雇用と税収増をもたらすと考えている。

たとえば、「ぶつからないクルマ」で有名なアイサイト技術を持つスバルの調査（一六年発表）では、アイサイトを装備した車両の一万台あたりの人身事故発生件数は、車両同士の追突事故で約八割減、対歩行者の事故で約五割減、事故数全体では約六割減となったという。

交通事故が減れば、保険会社の保険金支払いは減り、その分、保険料を安くできる。また、事故処理に駆り出される警察官のマンパワーを別の分野に投入できる。

●下水処理場やゴミ処理場は迷惑施設ではない　大きな利用価値がある

地中の下水幹線をはじめ広大な空間を使い、金とエネルギーも使って汚水を綺麗にしている下水道。人口減少や国内生産の減少、さらには施設の老朽化などにより、上下水道の運営やゴミ焼却場の維持管理には沢山お金が掛かっている。

都市計画では、総合設計制度などにより容積率や開発規制を緩和し、民間資金を都市の基盤整備に活用しているが、下水道には容積率の緩和や事業者に負担を求め、開発利益の一部を下水道の整備や運営に回すという発想が無かった。

下水処理場には水や熱があり、バイオマス資源もある。都心の大型ビルの地下に下水処理施設やゴミ処理を設ければ、周囲のビルから下水や廃棄物を効率的に収集し、処理し、資源やエネルギーを生み出し、それを需要地である都心で再利用できる。ゴミ処理場からは電気・熱・各種資源が生み出せ、ホテルやプールや高齢者施設などに供給もできる。

都心の街中に処理水でせせらぎ空間を造ったり、中水をビルに供給したりして、エコシティを創造できる。下水道の整備費や維持費の一部を民間に負担してもらう公民連携の仕組みが構築できる。下水処理施設の上にビルを建て、そこで中水や下水熱を冷暖房に使う事例は、品川シーズンテラス他、都内各所で生まれ始めている。

●「ゾンビ化する日本の農業」国産木材の活用

明治学院大学の神門善久教授の命名だ。太陽エネルギーを最大限活用するのが農業なのに、規模を追求し、農薬・化学肥料・石油燃料に依存するハリボテ農業となっている。市場競争に生き残れないのに、補助金や制度の歪みの中で温存されている。

日本農業の真の問題点は、耕作技能が劣化していることで、農地問題、消費者の味覚と食育の問題などに起因する。健康に育った農産物は、味が良い、環境にも優しい、気候変動に強い、日持ちが良い。優れた農家は、気候・風土をよく知り、自家でほとんど全てのことをやる。よく研究していて科学的知識も豊富で、堆肥や資材は自分で作っている。循環型で省資金の農業ができる。

私は可能な限り、公共建築を国産木材で建設するという公約を掲げ続けている。地域経済や人や環境に優しく、リニューアルも容易で、木造建築は結局長く使えるからだ。二〇一八年六月二七日公布の「建築基準法の一部を改正する法律」により、中層木造建築や大規模木造建築を準耐火構造等で設計できるようになった。

中・大規模木造はコストが高く、設計の自由度が低いと思われてきたが、生産・加工・施工・耐火性・耐震性など様々な技術革新が進んだことに加え、地球環境・地域経済・伝統技術の継承・景観や街並みの保存など、経済以外の価値が尊重される時代となったことで、地域や国内の資源を活用し、地域に雇用をもたらす木造建築は政策面からも見直されはじめた。

コンクリート造や鉄骨造に比べて、大型の木造建築のデザインセンス、構造設計や施工技術はまだ成熟しているとは言えない。スギ・ヒノキ・カラマツなど戦後に植林された木々も原材料に使える樹齢となっている。乾燥やプレカットや合板の技術も進歩し、今では容易に乾燥木材を入手でき、耐火性能のある構造部材も既に開発されている。

CLT（直交集成材）の登場により、三階建て以下の住宅建築は技術的に確立された。四階建ては一時間耐火、五階建て以上は二時間耐火が求められ、三時間耐火で大臣認定を取得した木質部材も出てきたので、技術的には十数階建ての木造中高層も可能だと思う。

地方都市はもとより、大都市でも学校・市営住宅・病院などの公共建築に国産木材を活用することで、地域経済の活性化に繋げられる。

●スウェーデンの福祉に思う

北欧スウェーデンは福祉国家として知られる。介護の財源はすべて税金でまかなわれ、高齢者は誰でも少ない自己負担（上限が月一七八〇クローナ＝約二万二〇〇〇円）で、介護サービスを受けられるが、主に利用されているのは、施設での二四時間介護ではなく在宅介護が大半という。介護士たちもできるだけ高齢者が自立した生活を送り、自分の口で食事をできるように徹底的して嚥下訓練を行っている。

日本では、点滴やカテーテルなど静脈栄養で延命措置を講じるが、スウェーデンでは、胃ろうなどで延々と生きながらえさせることなく、自然な形で看取るのが人間らしい死の迎え方だと考えられている。その結果、寝たきり老人は少ない。

日本の介護制度は、医師などが主導権を持っているため、すぐ投薬や治療がなされる。スウェーデンでも一九八〇年代までは過ぎた延命治療が行われていた。

近年、死に対する国民の意識が変わり、快癒の見込みがない延命治療は本人も家族も求めなくなった。寝たきりにならないように努力し、遂に寝たきりになった場合は人生の最期だと納得するという考え方が既に定着している。

財源をどう使うか、分権が進んだスウェーデンでは、大変合理的な方法で政策が決定されている。税金の使い方やサービスの行い方などは、基本的に各自治体に委ねられており、色々と議論して決められている。例えば、あるサービスを希望する声に対しては「今の税率を何%上げる必要があるが、どうするか」という議論になる。そして住民の理解を得られたものについては、税率を上げてでもサービスを充実させる。逆に税金が高いという場合は、どのサービスを削るか具体的に議論する。そのような習慣づけが、公的サービスの受益と負担について、主体的に考えられる市民や納税者を育んでいる。

●有料道路（運営）の民営化について

日本では、平成一七年一〇月に日本道路公団が民営化され、愛知県では平成二八年一〇月から有料道路の民営化（コンセッション）が実現した。道路整備特別措置法で、有料道路を運営できる者は都道府県等の道路管理者や地方道路公社に限られている。そこで、愛知県は構造改革特区を提案し、民間事業者による有料道路の運営によって低廉で良質なサービス提供をするべく、全国初の有料道路の民間運営が実現した。

ところが、海外では道路の民営化が相当進んでいる。イタリアのアパレル大手ベネトン社。その創業者一族の持株会社エディツィオーネ（Edizione）の下にアトランティア（Atlantia）という会社がある。同社は有料道路や空港の運営会社を手掛けているが、二〇一八年一〇月、スペインの大手建設会社ACSと共同で、有料道路の運営や通信事業を手がけるスペインのアベルティス社（Abertis）を買収、その額は一六五億ユーロ（約二兆一〇〇〇億円）に上る。これによって、世界最大の有料道路運営グループが誕生した。

アトランティアが運営してきた有料道路の総延長は五〇四二キロメートルで、これにアベルティス運営の八六〇〇キロメートルが加わって、実に一万四〇〇〇キロメートルもの有料道路を運営する企業グループとなった。

●街中の自販機をいかに活用するか

飲料各社は、自販機のキャッシュレス化を進めて、利用者数の増加と利用率の向上を図るとともに、自販機で収集した膨大なデータを人工知能（ＡＩ）で分析してマーケティング戦略に活用している。

日本コカ・コーラは、自社の自動販売機約三〇万台を使って、大量の購買データを分析できるよう、独自のスマホアプリでクレジットカード決済ができるサービスを始めた。同社の「コーク・オン・ペイ」は、飲料を買うごとにポイントがたまる他、自販機ボタンに触れなくても、自分のスマホ画面を操作することで、キャッシュレスで飲料を買える。

キャッシュレス化を進めることで、硬貨の窃盗防止と現金管理の負担軽減に役立つ他、季節ごと・地域ごとの売れ筋や顧客データなどを独自に取得することもできる。売れ筋が分かれば、生産計画が立てやすくなり、在庫調整も容易になる。賞味期限が到来する前に、値引き等で売り切ることもできるだろう。

コンビニの店舗数は全国で約五万八千店（上位一二チェーン）あり、清涼飲料の自販機は約二一三万台、全ての自販機の設置台数は全国に四二七万台が設置されている。自販機は年々進化しており、防犯カメラを付けたり、非常時の飲料水やスマホ充電を無料で提供する機種もある。日本コカ・コーラの自販機は、歩数に応じてポイントが溜まるものもあり、自治体と連携すれば、市民の健康増進プログラムに加えることも可能だろう。

多くの人が行き交う公共空間に自販機を設置する許可を与えれば、自治体にとっては税外収入の足しにできる。また、自販機メニューの一定割合を地元産品の販売に割いたり、自販機に設置した防犯カメラのデータをやり取りすることで、犯罪捜査や徘徊捜索などにも使える。さらには、外気温度を観測して熱中症予防のための注意報を発することなどにも活用できる。公民連携によって、色々な社会的サービスが可能になる。要は頭の使いようである。

●資産切り売りの財源捻出は下の下

私は二期目の最終盤、平成二三年度当初予算案は加西市初の骨格予算とした。同年六月を以って退任したので、実質的には平成二二年度決算までが会計上の私の責任範囲である。私が公会計に注力したのは、議会や市民には財務データで議論し、市長の経営責任や改革成果をしっかりとチェックしてほしいからだった。

就任時、市民一人当たり一二九万円の実質累積債務（借金）があったものを、六年間で同三二万円減らした。ゴミ有料化や水道料金などの市民負担の増減を差し引いた金額だから、増税や市民負担増によらないで借金を二五％減らした計算だ。これに将来的にかかる予定だった市債残高に対する支払い金利を加算すると三三％の借金を減らしたに等しい。

市長就任して四年でプライマリー・バランスを達成するとともに、健全化四指標も大幅改善し、市立加西病院会計（七四七二万円赤字）以外は、特別会計や企業会計の全てを黒字化できた。

もとより、私一人の実績ではなく、副市長・教育長・病院長ほか市役所職員の努力と苦労の結果であり、議会や多くの市民の理解と支援があってのことである。

首長や議員が選挙目当てにバラマキ行政を続けると、持続可能なまちの仕組みづくりが遅れるだけでなく、市民の行政依存が強まってしまう。かつての革新行政や海外の大都市もこれで失敗した。

他方、資産の切り売りによる一時的な財政改善や資金捻出は下の下のやり方だ。かつて、大阪市中央区にあった旧精華小学校。歴史と思いのこもった校舎を残すことなく、二束三文で土地売却した市教委や当時の市幹部の意思決定と、市議会の承認には今も残念に思う。

大阪市の北区長時代、私は旧大阪北小学校の跡地処分に関わった。橋下市長（当時）は市の教育委員会が既に決めていた売却方針を変えなかったので、私は「売却するなら、より高く売れて、必要な地域集会所や防災倉庫もタダで整備してもらう方法で売却するべき」として、土地の利用価値を下げる敷地分割ではなく、敷地全体の一括処分を市長に理解してもらい、市教委の分割売却の方針を修正した。

公共資産は、元々は市民の財産であり、資産処分で得たお金の使い方には、特に慎重かつ特段の思慮が必要だ。安易な切り売りで食い繋ぐのではなく、行財政の構造改革とワンセットでなければならない。今あるものを、時代に合わせて少しずつ手も加えながら、大切に使う。多少の困難は乗り越えつつ、伝統を「守り継ぎ、紡いでいく」生き方が日本様式でもある。

●国公有地の処分の実務について

民間企業で国公有地の処分と利活用も担当した経験、市長・区長として市有地などの処分を進めた私の経験を少しだけ記しておく。

手続きとしては、地方自治法、地方財政法、同施行令などに沿って手続きを進める。行政財産のままでは売却などできないので、まず普通財産に所管替えする必要がある。（地方自治法二三八条の四）

一般会計・特別会計・企業会計をはじめ、税金を投入した資産を売却する際は、全て最終的には議会承認が必要となる。ただし、少額のものは雑収入などとして決算報告の数字だけで了承をうるケースもある。売却金額については、近傍類似物件の固定資産課税標準額や取引事例などを参考にしつつ、不動産鑑定士からの意見書や鑑定書を複数もらって、価格の妥当性を担保する。

その上で、公正性を高め、（市民にとって）より良い条件で有利売却するために入札に付したり、より公共目的に資するようにプロポーザルによって選定する方法も増えている。調査費の予算計上→不動産鑑定士など専門家に委託→公有財産処分審議会での審議→入札・プロポーザルなど、役所内の一連の手続きを法令・規則・規程などに則り、進めているうちに社会経済情勢が変化してしまい、役所側の事情だけでは処分が不調に終わるケースも多々ある。

それを防止するために、民間の不動産会社に包括的に売却処分を委託するケースや、監査法人などのデューデリチームに市場性に基づいた適正妥当な評価をさせるケースもある。決定は、本来首長（知事や市町村長）の判断でできるが、多くの自治体では公有財産（処分）審議会のような組織を設置して公平性を確保している。メンバーの見識・力量次第では単なる追認機関となっている審議会も少なくない。

国や都道府県の資産処分は、基礎自治体の長からみると大甘だ。納税者のためには、もっと高く売れるのに、例えば社会福祉法人や学校法人というだけで優先的に処分されてしまう。国有地の処分を進める際、まずは地元自治体に何らかの利用方針がないか打診が来るが、自治体の担当課長からトップに至る幹部が盆暗では、その利用価値を見過ごしてしまうかも知れない。

市民・国民の税金で購入した土地建物その他の公共資産を処分することに、行政も議会も責任を自覚すべきだ。そもそも必要性や利用頻度を考慮することなく、景気が良かった頃の豊かな税収を元に土地を購入し、それも議会承認を要しない土地開発公社という役所のトンネル機関に土地を買わせるような杜撰な自治体が多かった。

用地を手当てし、補助金を受けて施設を整備するも、今や老朽化と人口減少が進み、負の遺産になっているケースが全国至るところにある。

幸い、私が市長の時は過去の負の処理はしても、私の誤った経営判断によって将来に負の遺産を残すことは皆無だった。

第四章　なぜビジネスマンが政界へ？　政治にこそ経営の視点が必要

●日本初、上場会社の管理職が在職のまま立候補

私は、鹿島建設本社の管理職であった当時、経団連の「企業人政治フォーラム」の活動に参画するなど、政治を外から客観的に観察してきた。小泉郵政改革が叫ばれた平成一三年七月、会社の了解を得た上で在職のまま、有給休暇を取って第一九回参議院議員通常選挙に東京都選挙区（定数四）から出馬して政策提言した。四六歳だった。トップの理解もあって、私の在職立候補を会社が温かく見守ってくれたことに今も感謝している。

勤務先や取引先などから一切の支援を受けず、選挙公報と街頭で辻説法するだけの政策本位選挙を実践した。煩いマイクや選挙カーを使わず、選挙事務所も置かず、スタッフも雇わず、たった一人で街頭活動をした。見かねた友人たちが、白黒コピーの手製ポスターをそれぞれの自宅近くのポスター掲示板に貼ってくれた。都内約1万5千か所の掲示板に全てポスターを貼れる訳もなかった。

自分のために立候補するのではない。日本の将来のために、候補者としてキッチリと政策を論じ、有権者がしっかりと考える選挙風土に変えたかった。この参院選で、私が訴えたのは、一言で言えば、日本のグランドデザインを描き直そうということだった。

憲法改正、財政再建、一院制、国会議員の定数と歳費の削減、ネット選挙・電子投票の実現、首相公選制、減税、地方分権、高速道路の料金自由化と民営化、民間活力（公民連携）、政策本位選挙、政治とカネ、政治倫理などであった。今、振り返っても先駆的な政策だったと自負している。

それ以上に意義深かったことは、日本の大手企業の管理職としては初めて「在職立候補」を果たしたことだ。当時も話題になったが、政界（公職）で成果を上げ、数年後にまた民間企業などに戻ることができる社会が理想だ。あの時、私が当選していれば、さらに大きく報道もされて、在職立候補は制度として一般化したかも知れない。改革が遅れている役所の古い体質を変えるには、官と民の人材が交流し、流動化が進むことが不可欠だ。

次いで平成一四年九月、田中康夫長野県知事の失職に伴い実施された、長野県知事選挙に立候補した。その際も、休暇を取得して選挙活動することを会社は了解してくれたので、私は、立候補の記者会見の日時まで設定した。ところがその後、「脱ダムを掲げる田中氏の対立候補で立候補するのでは、建設業界を挙げて中川を応援していると誤解される。」との物言いが一部役員からあった。

勤務先や建設業界などにも迷惑を掛けかねないので、私は勤務先を自ら潔く辞めて長野県知事選に臨んだが、今の私なら、会社と再度交渉して、立候補は憲法が保障する権利ですとキッパリと撥ね退けただろう。そうすることが、企業風土や政治に対する国民の意識を変えるという信念が私にはあるからだ。

仕事最優先に生きてきた自らの前半生に区切りを付け、それ以降の後半生は日本の将来のために、文字通り「滅私奉公」することを選んだ。幸いにも会社員生活を通して、当面の生活に不自由しないだけの蓄えがあったので、細やかながら私の経験・発想・行動力を公のために生かし、社会を少しでも良くしたいとの情熱で今日まで頑張っている。

平成一五年一一月、大阪市長選挙に立候補した。長年、議会や職員組合などとの馴れ合いが続いた大阪市政を批判し、関西経済の復活、財政再建、地下鉄・バスの民営化、大大阪のグランドデザイン、市有財産の流動化と有効活用などの公約を掲げた。

●なぜ、サラリーマンが政治活動を始めたか　立候補するには相当な覚悟が必要

私が会社員を辞めて政治の世界へ進む転機となったのは、在宅介護で看取った母が遺した言葉だった。「これからは、私の介護よりお国（公）のお役に立つように」と。二十数年前、父母がそれぞれ七〇歳前後で他界したことは今でも寂しいが、半面、介護など後顧の憂いなく一身を公のために捧げ、存分に活動できるチャンスを与えてくれたものと思っている。

自分の野心ではなく、世のため人のために利他・奉公の精神で活動を続けている矜持があるからこそ、大いなる勇気をもらい、遠い道程をひたすら歩むことができている。使命がいずれ天命になる時は必ず来ると信じている。

鹿島に勤務した二二年間、一〇年先、二〇年先の日本を考えながら大きな視野で仕事をさせてもらった。公職を目指してからは、より一層、「世のため人のため、将来世代のため」に役立つことを自らの行動規範としている。いつも重要案件で判断に迷った時は「私心が無いか、市民のた

めか、日本のためか、将来のためか、人として正しい道か」を判断基準としている。

「どこでも選挙に出る」「選挙好き」などと一部で嘲笑されながらも、サラリーマン時代に必死で働いて蓄えた自己資金だけで戦い続けて、早いもので丸十五年が経過した。古い政治の常識や政党政治の枠組みとは一線を画し、地方自治の重要性に鑑み、もっぱら行政のイノベーションと有権者の意識改革を提唱しながら、尖がった政策による先駆的な自治体経営を訴え続けている。

無所属・無党派・無組織の立場で大きな選挙で戦い続けるには、相当な覚悟とエネルギーが必要だ。「選挙好き」などと軽率に揶揄されるほど生易しいものではないが、政治不信を募らせた一般市民からは、多くの政治屋と同類項に見られてしまうかも知れない。

たとえば、知事選に出馬するには、政策研究・公約づくり・選挙準備・選挙運動・収支報告・日常業務への復帰などに約半年を要する。市長選であっても三～四ヶ月かかる。そんな時間と金とエネルギーを掛けて、真剣勝負していることを分かって欲しい。

自分のための選挙なら、とっくに足を洗っている。世のため人のためと信じればこそ、使命感で続けられている。即席で上っ面の選挙報道を繰り返すマスコミ記者諸氏には、各候補者が現状の社会問題をいかに捉え、それをどう具体的に解決しようとしているのか、各候補者の政策や視点の違いをきっちりと報道してほしい。

●投票せずして、政治に文句を言うなかれ

全ての国民は平等に、選挙を通して自分の意見を政治に反映させることができる。自分たちで代表を決める権利（選挙権）と、自ら代表となって直接政治をする権利（被選挙権）を私たちは持っている。そのどちらも行使せずして、政治の結果に文句を言うのはナンセンスだ。

もちろん政治不信の直接の原因は政治家にあるが、結果として駄目な連中を選び、のさばらせているのは私たち有権者である。選挙権や被選挙権を有効に行使しなければ、政治や社会は一向に良くならない。志や能力のない者を政界から追い払うのも、有権者の責務だ。

国民からの批判に厚顔無恥な政治家は多いが、彼らは選挙向けの人気にはひときわ敏感で、近

年ますますポピュリズム（大衆迎合）政治の傾向が強まってきている。

一方、「誰が政治家になっても同じ」「選挙に行っても何も変わらない」と決め込み、選挙や政治に無関心な国民も多い。既成政党や既存政治家は、有権者の投票率が低いことを内心で喜んでいるのではないか。その証拠に、ネット投票など投票率を上げて、真の競争原理が働く選挙方法があるのに、彼らは新しい仕組みを積極的に導入しようとはしない。

●市長に初当選　能力ある人材をシガラミなく全国公募

平成一七年五月、出身地である兵庫県加西市の市長選に請われて出馬し、現職市長を破って初当選した。市長就任の直後、私は副市長と教育長を全国公募した。大抵は新市長が自分の知人などから選任するこの二つの特別職を、同時に全国公募したのは全国初だった。多数の応募者があり、課題論文や履歴書での一次審査、幹部職員との一次面接、有識者と私による二次面接を経て、その中から最も優れた人材を副市長と教育長を迎えることができた。

加西市長就任後、「子供にツケを回さない」をモットーに財政再建を進め、徹底した行財政改革を推進した。実質六年間で過去の累積債務の三三%を削減しつつ、企業誘致や税収増や雇用増という実績を残した。私の在任当時、リーマンショック後の地域経済の立ち直りは、加西市が全国トップクラスだったという調査研究（巻末参考文献参照）もある。

実は、橋下徹氏（平成二三年、大阪市長に初当選）が進めた大阪府市の改革より、私が実践した加西市政改革の方が時代を先取りし、顕著な実績も上がっていた。けれども、人口五万人に満たない地方都市では、実績に比例したメディア発信力は無かった。

●反対派議員に職員の不正採用をデッチ上げられた

平成一九年四月、市役所の行財政改革を進める私に対し、抵抗勢力が企んだ騒動がある。「市長が職員を不正に採用した」という事実をでっち上げ、毎日新聞の第一面にスッパ抜きで報道させたものだ。加西市議会は、形ばかりの百条委員会を開き、私には反論や釈明の機会を一切与えずに、僅か二時間余りで結審した。

これは市長不信任を成立させるために、市議会反対勢力が描いた筋書き通りの儀式だった。私は不信任に対抗して市議会を解散したが、出直し市議選ではほとんど同じ顔ぶれの抵抗勢力の議員が再選され、今度は、二度目の市長不信任案を可決されて、私は一旦失職したが、出直し市長選で再選された。

職員採用で不正を働いてきたのはそれまでの議員や市長であり、私は、採用を情実や縁故ではなく実力本位に正したものだ。一連の試験は市長選の前に実施され、市長選が終わって私が着任するまでに最終面接や合格選考を駆け込みで行われた。

候補者名簿を市長が決裁して初めて採用内定となるものを、驚くことに私が決裁をする前に、口利き議員が受験者の親に「内定」連絡をしていたのだ。極秘である採用選考の情報を、議員が採用担当の職員から聴き出し、受験者の親に漏らしていた。

議員らによる職員採用の口利きと金銭の授受は、加西市では近年まで続いてきたとされ、私は市民から過去の情実採用の話を具体的な議員の名前とともに度々聞かされていた。私が不正採用したと毎日新聞に垂れ込み、記事に書かせた議員ら自身が口利きしていたものである。

そもそも、徹底した行財政改革を訴えて初当選した私が、市長就任して一ヶ月足らずの時期に、自らの足をすくわれるような職員採用で不正を働く訳がない。

●改革を進める市長　抵抗する議会や職員組合

加西市長時代、市議会の抵抗勢力から事あるごとに「独断専行」「議会軽視」などと言われたが、彼らは、意図的に私を駄目市長として吹聴したかったのだろう。だが、実態はどうだったか。私は、六年間で三二回議会を開き、延べ六三四議案を提案した。うち五八五件は可決承認され、一四件は修正可決、残り三五件（五・五％）のみ議会から反対され否決された。否決された三五件のうち、実質八議案が再三否決されたものだ。それは、議員にとって口利きができなくなる「開発調整条例」や「常設型の住民投票条例」などであり、加西市議会議員の多くは、市民のことよりも自分たちの権力基盤を温存したかったのだ。

加西市の改革を進める私は、平成二三年五月、三期目の市長選で、市役所業務の包括的民間委託、環境と景観のまちづくり、ＩＣＴや自動運転など先駆的な技術を取り入れた「プラチナ都市構想」

をなど掲げて三選を目指したが、加西市職員組合執行委員長や市役所課長を務めた元市職員に敗れた。

市役所業務の効率化や民間委託を進めようとする私に対して、相手陣営は市の職員組合を中心に、自治労（全日本自治団体労働組合）の組織を総動員してのデマ中傷やネガティブ・キャンペーンを展開、各地から公務員労組が選挙応援に入った。市の職員の多くは、恐らく家族や親類縁者そして職員ＯＢなどと連携して、反中川の一大運動を展開したことだろう。

一方の私は、無所属・無党派・無組織ゆえの選挙の弱さに泣かされた。市長選の約二カ月前に発生した東日本大震災の災害対応などにも追われて、選挙対策は皆無に等しかった。一般市民が、そんな選挙の構図を理解し、私の二期の業績を正しく受け止め、かつ危機感を持って投票に行ってくれていたら、三選できていたと思う。組合の元執行委員長が市長になれば、市役所が公務員のぬるま湯組織に逆戻りすることは火を見るより明らかだった。

大阪では、橋下市長に同様なネガティブ・キャンペーンが打たれたが、橋下氏はそれを逆手に取り、メディアの力も使って見事跳ね返した。それができたのも、人口や自治体の規模が大きく、メディアが集中している大阪ゆえと思う。

●環境と景観のまちづくり

市長在職中は加西市や兵庫県が出資する第三セクター北条鉄道㈱の代表取締役社長も務め、全国初の「ボランティア駅長」制度など、数々のアイデアで廃止寸前のローカル鉄道を再建し安定軌道に乗せた。鉄道職員の採用についても、「鉄道は男の仕事だ」「事故など緊急時に不安だ」「運転手にはJRのOBを採用したい」などと、当初は現場から抵抗を受けたが、私は若い女性の力を期待して女性職員を二名採用し、彼女たちは駅事務や物品販売などもこなしながら、列車の運転免許を取得し、運転士として大活躍してくれた。

環境政策でも先端を走った。加西市長に就任してわずか三ヶ月で、自ら筆を執った「加西市バイオマスタウン構想」が国に採択された。天ぷら廃油を回収し、バイオ・ディーゼル燃料化する事業は、日本サムスンに私が提案して、同社のカーボン・オフセット事業として、市民の税金を使わずプラント建設を実現させた。

当時、加西の里山は竹や下草が繁茂し、田畑は耕作放棄や休耕などで荒れ果てていた。せっかく、自然豊かで広大な田園空間と、ため池や里山が織り成す素晴らしい景観があるのに、その良さが生かされていなかった。市民に気付いてもらい、加西の魅力を発信しようと「環境と景観のまちづくり」を進め、ため池のトライアスロンも企画提案して誘致した。

休耕田に景観作物としてレンゲ・コスモス・ソバなどを植え、里山の木や竹を間伐し、イノシシやシカの肉を食用に、外来魚を駆逐するためにも池干しを奨励した。今では池干しがテレビの人気番組になっているほどだ。除草剤の使用を抑制して、ヤギに雑草を食べさせる方式を市内に広めた。学校や公民館には薪ストーブを導入し、間伐の木を燃料にした。今では蕎麦打ちの市民グループも増え、各種イベントでは美味しい手打ちそばが振る舞われる。

●雇用増と税収増を実現するも三選ならず

市内中心部にあった旧三洋電機の創業工場跡地をイオンのショッピングセンターとして開発した。パナソニックの自動車用リチウムイオン二次電池の世界的な新工場を加西に誘致もできた。これらの大事業を極めて短期間で許認可手続きを進められたのは、兵庫県知事の支援のお陰であるとともに、鹿島時代に大規模な開発事業を手掛けた自らの経験が生きた格好だ。

市長在職中、これ以外にも中心部や市内の産業団地などに計二六社の企業誘致を果たし、雇用増と税収増に繋げることができた。これが私の「成長戦略」であり、今日のアベノミクスの参考にもなったものと思う。

市長三選を果たせなかった結果、学校統廃合計画、幼保一元化・民営化、水道事業民営化、市役所業務の包括民間委託など、時代を先取りした計画は新市長に全てストップされ、プラチナ都市構想もとん挫した。問題意識が旺盛な社会人の中途採用を積極的に進めた他、任期付職員採用条例を制定して、公民連携・環境・市民自治などが専門の管理職を採用した。弁護士・公認会計士を採用決定したが、新市長となって条例が廃止され、採用していた管理職は全て解雇され、また採用内定していた弁護士は内定が取り消されたのは、時代に逆行するもので大変残念である。

私が取り組んだ加西市政改革のうち、市役所内部の運営ルールの多くは新市長に塗り替えられて元の木阿弥となってしまったが、それでも、ふるさと納税の返礼の仕組み、ネーミングライツ、ＲＡＫＡＮワイン、加西ハチミツなどのオリジナル商品など、私自ら商品企画したり、制度設計した事業の多くは今でも継続している。それは、市民や消費者に支持され、ビジネスとして成り立っているものは、新市長の思惑や政治の都合だけでは廃止しようがないからだ。

●橋下市長肝いりの公募区長制度にも限界

平成二四年八月から北区長を務めた。「公募区長は市長・副市長に次ぐポストで、本庁の局長より上位の位置づけ」との触れ込みだったが、当時の公募区長（恐らく今でも）に与えられた権限も予算も区役所人材も従前の職員区長と大差なく、橋下市長（当時）の強い意向とは裏腹に、多くの職員や地元自治会役員らの意識は古かった。

大阪市役所という巨大組織にとって公募区長は外来の異分子であり、身分が一般職公務員であることの限界は少なからず感じた。従前の区長職務に加えて、公募区長として改革業務を遂行する責任も増え、超多忙の毎日だったが、やはり選挙で選ばれた市長の権限とは雲泥の差がある。また、市長の意向とは別の次元で、副市長・局長・議員・職員組合など、組織の思惑やインフォーマルな裏情報のやり取りを感じることが多々あり、これでは揚げ足を取られ、政治の暗闘に巻き込まれ、市民との間で板挟みになるだけではとの思いもあった。

そんな中にあっても、私は自己保身のために汲々とするのではなく、市民のために言うべきことを言い、取るべき行動を実践した上で、組織の方針と相容れない事態に直面した場合はいつでも辞める気構えで公務に当たっていた。

私は区長に就任した時、大阪市議会本会議で、各議員や市長らを前に次のように答弁した。「区長が任命権者（市長）の指示を遂行するのは当然のことだ。どうしても市長の考え方と違う場合、十分に説明するが、それでも理解されず考え方の相違（都構想など）が決定的となった場合は潔く辞める」と。

私が目指した先駆的な改革や創造的な仕事が、様々な制約によって実現できないのであれば、私が区長であり続ける意味がなかった。選挙で選ばれた公職とは違い、公募区長の私が辞めても役所の一職員が退職しただけのことで、職務は後任区長へ組織的に引き継がれる。

平成二六年春、橋下市長の任期途中での辞職と相前後して私も大阪市役所を退職した。周囲の勧めを受けて、橋下氏の出直し市長選への立候補も考えたが、再選が確実視された橋下氏の対抗馬として部下であった私が立候補するとなると、それこそマスコミから「明智光秀」にされてしまうので、結局、その時は市長選への出馬を見送った。

●小学校跡地の売却×公民連携で施設を整備

大阪市の北区や中央区では、十数年前まで若年世帯数や小中学生の数が減ったため、都心の小中高校を廃校にして跡地を順次処分してきた。そこに高層マンションが建って都心居住者が増えると、結局、保育園不足が顕著になり、数年後には小学校などの教室が足らなくなるという事態が生じてきた。

大阪北小学校（北区曽根崎）は、既存の二つの小学校を統合して新築されたが、築浅のまま廃校に追い込まれ、その後、大阪市教育委員会はほとんど活用しないまま、八年以上放置されていた。いずれ都心部での就学児童の増加が見込まれる以上、私は、学校跡地を本当は売りたくなかった。元々は一四〇年ほど前の明治初期、地元の寄付で小学校が開設されたものであり、その跡地を売却しても北区のために自由に使える訳ではなく、教育委員会に売却代金が帰属するだけだった。

それでも、橋下市長が歳入不足を補うために教育委員会の売却方針を追認したので、私は、教育委員会が考えていた敷地分割（廉価売却）案を止めて、民間企業などに跡地を売却するなら、高く売るのが市民益であると市長に具申して認められたので、私が矢面に立ちながら何度も地元説明会を開き、区民の理解を取り付けるのに相当の時間とエネルギーを傾注した。

当然、教育委員会はもとより、地元役員やそれに繋がっていた副市長・市議・職員などは内心面白くない。私は市役所内外の抵抗や反発を受けつつも、市民益を最優先し、火の粉を被って市長方針を忠実に執行した。

そして、敷地を分割して地域集会所や防災倉庫を建設するために税金を投入するのではなく、跡地を購入し開発する民間事業者に、地域集会所と防災倉庫を無償で整備してもらう条件も付けた上で、予定価格の約二倍、四〇億円以上で跡地を処分できた。

●資産価値や利用価値が分からない者に任せるな

より高額で処分するという点では大きな成果を出したが、私が北区長に就任する以前に教育委員会が地元と調整し、既に固めていた売却方針までは、地元区長の力で変えられなかったのが残念だ。北区長にもっと権限があれば、あるいは私が大阪市長であったならば、跡地の単純売却は止めて、周辺敷地も含めた一体開発を誘導しただろう。実際、決裁書にも「できることなら将来のタネ地として温存したいが、売却が変えられない絶対方針なら従わざるを得ない」と明記した。

例えば、東京駅八重洲口至近の中央区立城東小学校の再開発のように、低層部に小学校、中高層部には民間開発事業という複合開発も構想することもできた。代替地がなく校区変更も難しい都心の公立学校の建替えでは、立地次第ではこのような事例も当然ありうること。こういう合理的な判断をした中央区教育委員会の意思決定を私は支持する。大阪市の中心区でもこのような学校建替え事例があってもおかしくない。

学校跡地の処分を大阪市教育委員会に任せ、売却代金を教育振興基金に繰り入れる今のやり方では、この相矛盾する馬鹿げた処分は止まらない。そもそも、教育委員会は不動産や都市開発の素人である。資産の価値や活用の仕方が分からない人達、俯瞰思考や長期的視野のない人達、しかも責任を取れない人達に公有財産の処分をさせてはいけない。

私には、公共施設の跡地などを活用し、大阪や関西をもっともっと元気で魅力的な街にして、新しいライフスタイルを創造・発信するための新たなアイデアが次々と湧き起こる。都市の未活用の空間・資源・熱・光などを利用して、緑や野菜を育て、様々な社会的課題も解決する仕組みづくり。公園・道路・市有地・国有地・空きビル・垂直壁面・下水汚泥・水熱・排気熱など、未活用の資源や空間は一杯ある。

都市と地方、両者は対照的ではあっても、対立するものではなく、アイデアと仕組み次第で、相互に補完し共存できるものである。都知事選・兵庫県知事選・大阪市長選・神戸市長選などでも、都市と地方の連携強化を公約の一つに掲げたのは、私だけだった。

●大阪市長選に立候補　都構想とその進め方に疑問

私は、平成二七年一一月の大阪市長選に立候補した。平成十五年の大阪市長選に次いで二度目の立候補だった。大阪都構想を巡る維新VS自公など、余りにも浅墓な政治対立を批判し、今すぐやれる改革、市民のために今優先しなければならない行政課題は山積していることを有権者に訴えるためだった。

「都構想」という重要事項について、維新の強引な進め方には疑問があり、市民が都構想を十分に理解していない状況での住民投票には反対した。だが、それでも実施されるなら、一人でも多くの有権者が棄権せず投票に行くべきであるとも主張した。大阪市を解体して大阪都にするか否かは、市長や市議が決めることでも維新が決めることでもなく、大阪市民自身が決めることだ。

政令市を解体する「都構想の住民投票」は、一般の選挙とは違って遥かに重要で、有権者には心して投票してもらわねばならない。都構想の是非はあくまで市民が最終判断するものだが、首長（加西市長）と行政区長（大阪市北区長）を務めた経験、そして東京の特別区に二三年間住んで働いた自らの経験から、私は都構想を大阪市民にお勧めしない。中途半端な特別区ではなく、基礎自治体として一連の強い権限と独自財源を持ち、自己完結で経営ができる一般市が本来の姿だと思う。大阪市は既に政令市であり、これ以上の主体的権限を持つ基礎自治体はない。

都構想を巡るこの二～三年の動きを振り返ると、私が前々から主張してきた通りになっている。

即ち、いきなり都構想（特別区）ではなく、まず合区（総合区）するのが最も現実的な対応である。先ずは二四区を五〜六区程度に集約（合区）して総合区にした上で、その先、都構想（特別区）を目指すべきか否か、数年後の選挙に合わせて住民投票で有権者の賛否を決するのが、無理なく合理的な進め方である。数年間、総合区で運営しながら、特別区にするか否かを市民とともに考えれば良いことだ。

●府を強化する都構想より、府から市町村への分権が大事

大阪市の全会計の予算は総額三兆八九八五億円であり、これは人口最多の横浜市の年間総予算よりも大きく、政令市の中で最大だ。大阪市の市税収入は年間約七一六四億円（平成三〇年度）であり、市債残高（借金）は三兆六七五三億円で、一四年連続で減少している。一方、大阪府の年間府税収入は一兆一五〇二億円で、府債残高は六兆二二九四億円もあり、ほとんど減る気配がない。

大阪都構想には、大阪市から大阪府に一部財源を「召し上げる」という隠された狙いがあったに違いない。都構想が大阪府の財政再建のためなら本末転倒であり、基礎自治体（大阪市など府

下の市町村）を真に強化するなら、縮小・解体すべきは大阪市ではなく大阪府の方だ。

市民にとって本当に大事なことは都構想ではない。政令市である大阪市を拙速に解体し、権限も中途半端な特別区にするのを急ぐことは愚かな対応だ。都構想に掛けるエネルギーを、もっと市民のための施策や足元の改革に注ぐべきだ。大阪万博の開催が決まったのは結構だが、維新が都構想実現への追い風に利用しないように望む。

私が大阪府知事なら、府下の地域経済力を強化するために、都構想でなく自治体間の連携や合併を誘導する。例えば、豊中＋吹田＋池田（三市合計八七・二万人）や、吹田＋高槻＋茨木（三市合計一〇〇・一万人）を政令市にするとか、新たな発想と動きが必要だろう。

兵庫県であれば、西宮＋尼崎＋芦屋（三市合計一〇三・二万人）、尼崎＋伊丹＋川西（三市合計八〇・一万人）、西宮＋芦屋＋宝塚（三市合計八〇・七万人）、明石＋加古川＋高砂＋播磨＋稲美＋小野＋加西（五市二町合計八〇・三万人）での政令市化を私なら構想する。その意味で、大阪府の吹田市・豊中市、兵庫県の西宮市・尼崎市が、立地的にも鍵を握ると考えている。

●都構想より徹底的分権　そして道州制を進めよう

維新が主張する「都構想を実現すれば、行政が抱える多くの問題が解決する」というものではない。府と市の二重行政の解消は結構だが、大阪都になれば、これらが半ば自動的に解決できるのではなく、行財政改革のためには、弛まない経営努力（マネジメント）こそが大事だ。市長や区長として行政現場の改革を実践してきた立場から、私は、都構想よりも市長や現場のマネジメントを徹底する方が重要で効果も大きいと考えている。

都構想では制度ばかりが議論され、そこで働く職員のヤル気、付加価値生産性、政治家の資質など、人的側面が全く考慮されていない。都構想を議論してきた政治家（知事・市長・府市会議員）は、行政組織の現場で働いたことのない人達が多く、この大事な視点を持たないまま、維新と反維新に分かれ、政治闘争に明け暮れてきた。

都構想で何を生み出し、いかなる価値が創造されるか。「アウトカム」の比較検討をせず、制度や枠組みの議論に終始したのは、多くの政治家が自治の現場や自治体の経営を理解せず、関心も無かったからだろう。

現場でのイノベーションや改革・改善・改良・工夫などが、実は絶大な効果を発揮するものだ。ＡＩやＩＣＴ、そして公民連携（ＰＰＰ）やブロックチェーンなど最新の技術や経営手法を導入し、業務の仕方そのものを変えるという発想も無いまま、行政の枠組みだけを変える都構想では、さしたる経済性が出ないのは当然である。

役所業務の過誤や手戻りを無くし業務効率を高める努力、市民の満足度を高める取り組みなど、現場でのマネジメントや業務改善の弛まぬ積み重ねこそが、実は都構想以上に大事なのである。現場を観ず、合理的で効率的な業務方法を知らずに、行政現場から一番遠い議場で審議することの愚かさに、国会議員も地方議員も早く気付くべきだ。

私は行政の現場や自治体経営の現実を知る者として、統治機構の変革より、むしろ役所の役割や公共サービスの見直し、仕事の仕方や手続き方法の改正が先決で、その方が効果は大きいと思う。昭和一八年、戦時下の首都機能を強化するため、東京府と東京市が統合されて「東京都」となり、今日まで拡大発展してきた東京都だが、大阪が、東京の特別区という旧制度に倣う必要はない。

都民の生活に密着した日常的な問題に関しては、都から区市町村に任せるべきというのが、二〇年以上特別区の東京都民だった私の持論である。その点でも、府と市を統合して「大阪都」にすることの意義や効果には甚だ疑問だ。

地方分権改革や地域主権を本気で進めるなら、都構想ではなく、より強い市町村（基礎自治体）、関西州、国から構成される「道州制」を目指すべきである。

●首長は、無所属・無党派であるべし

私は元々ビジネスマンであり、根っからの政治家ではない。政界のアウトサイダーとして、土着の政治家にはない発想や気付きが私にはある。色々な考え方の市民が共に生活している自治体の首長（知事や市町村長）は、広く市民に対して全方位で最善を尽くすべきだ。知事や市長が、行政トップでありながら平然と政党の代表や役員を務め、公務もそこそこに、遠隔地まで選挙応援に駆け回っているのは理解できない。

憲法前文には「国民主権」が謳われ、憲法第一五条二には「すべて公務員は、全体の奉仕者であって、一部の奉仕者ではない。三 公務員の選挙については、成年者による普通選挙を保障する」と明記されている。つまり、憲法でいう「公務員」とは「選挙で選ばれる政治家」のことを指す以上、知事や市長は無所属・無党派でなければならないはずだ。

地方自治体は、中央省庁の下請けでも各政党の下部組織でもない。地方選挙を中央の政党で色分けすること自体がおかしくナンセンスであり、首長は完全に無所属・無党派であるべきだ。

多くの候補者は「無所属」という表現を安易に使うが、私のように、完全かつ純粋に「無所属」と言える候補者は、一体何人いるだろうか。政党に所属し政党の活動をしながら、選挙の時だけ「無所属」と称している候補者を私は信用できない。

政党という名の「選挙互助会」にどっぷりと浸かり、離合集散を繰り返すだけで、肝心の成果を上げられない多くの不甲斐ない政治家たち。彼らにこれ以上政治を任せておけないとの思いから、私は、「政治改革」と「結果を出す政治」を実践してきた。政治家としての覚悟・信念・政策・実行力などにおいて、私と彼らは大違いである。

●尖がった政策でなければ、旧態依然の日本は取り残される

今までと同じやり方で、毎年同じ事業を繰り返すだけの行政で良しとするなら、私が自治体トップに就く必要性は皆無だ。新しいアイデアと発想、そして時代を先取りする新技術によって、社会的課題を創造的に解決し、行政サービスの質や市民の利便性を高めようというのが、私が目指す「行政（社会）のイノベーション」だ。

健康経営、所在不明土地対策、マイクロプラスチック対策、地域トークンなど、最近ようやく議論され始めたことを私はずっと以前から研究し、特にこの四年間は毎回公約に掲げてきた。PPP、公会計、プラチナ都市、健康経営、シェアエコノミー、自動運転など、私は次世代型の都市政策を一〇年も前から研究し、自治体経営の中に取り入れるアイデアを自ら磨いてきた。

私が最も得意としているのは、資産・資源・技術・人材・資金など「経営資源の有効活用」であり、鹿島時代も市長・区長時代も、そして早稲田大学や東洋大学などでの研究においても、その問題意識が根底にある。

私は、公民連携（PPP）と市民自治の理念を行政の様々な分野に取り入れることで、行政だ

けでは解決できない都市問題や社会的課題を創造的に解決するとともに、地域や新しい公共を担える人材・企業・ＮＰＯ法人などを育て、ニュービジネス、ソーシャルビジネス、コミュニティビジネスなどを拡大できると考えている。

例えば、生活保護受給者の金銭管理の適正化を図るため、プリペイドカードを利用した支給が有効と考え、私が北区長時代、三井住友カードとタイアップして全国初の社会実験を試行した。民間の新しい仕組みや技術を活用できるのに、役所が法令の条文や過去からの慣例に縛られ、いまだに時代遅れの事務作業を続けているのが実態で、これを変えていくのが私の使命だ。

米国で普及しはじめた「ｅスクーター」や、中国で走っている電気自転車（ペダルを漕がない）は、日本では原動機付自転車と解され、道路運送車両法の保安基準に基づいた警察当局（公安委員会）の規制でそのままでは走行できない。電動二輪車セグウェイも然り。これらを変えるには、いつになるか不明の法改正をただ待っているより、私が知事になった方が話は早い。

駅前の一等地を自転車や車の置場として際限なく使っていいのか。自転車や車は乗っていない時間の方がはるかに長い。法律で定められた付置義務の駐車台数だが、実態は余っている。みんなでシェアすれば、駐車場や駐輪場の整備費やスペースは節約できる。各国や他市ではシェアサイクルが進んでいるが、交通政策が希薄な大阪市では特に遅れている。北区長として、足元の放置自転車対策だけでなく、シェアサイクル化を推進しようとしたが、歩道や高架下などで駐輪事業をしている大阪市建設局の考え方とは水と油で、自分が市長にならなければ動かないと確信した。

●有権者の気付きで「市民自治」を取り戻そう

私の提言活動の狙いは、選ぶ側（有権者）、選ばれる側（候補者）の意識を変え、選挙制度（インフラ）の常識を変える「三位一体の改革」により、選挙の風土や地域社会を変えようとするものだ。具体的には、選挙を通して市民の政治参加を促し、民主主義や市民自治を深化させることが一つ。二つ目は、独自の先駆的政策を実現して行政にイノベーションを起こし、効率的で質の高い行政サービスを実現すること。三つ目は、高い志と強い使命感を持った真に優れた人が、無所属でも自己資金の範囲内で立候補し、政党公認候補などと不利なく相応に戦える真に公平な選挙制度にすることだ。

それによって、政党に牛耳られ独占されている政治から、「市民自治」を取り戻すことができる。

「何度も分不相応な選挙に出て」と思われるかも知れないが、私はそんな低次元で己のために立候補している訳ではない。首長となって活躍するには当選しなければならないが、その前に、政治家には哲学・理想・政策・能力・人間性などとともに、身綺麗な身辺と品格が求められると思う。各政党は、人物を十分に確認することなく候補者を擁立し、出来の悪い政治家を粗製乱造してきた。

私は、この雑多な候補者の中に敢えて分け入り、自ら「まな板の鯉」となって、有権者に選択肢を示して考えてもらう選挙を心がけてきた。

●公に尽くす志　気付いた者の使命

市民のため、日本の民主主義のために頑張るのは、たまたま、問題に気づいて先を見通せる者の使命だと思っている。落選を続けても、私が、挫けず逞しく頑張れるのは、意識の高い市民が少なからず応援して下さるからであり、信念を曲げず堂々と正論を訴え続けられるのは、故・松下幸之助翁（パナソニック創業者、松下政経塾塾主）や塩爺（故・塩川正十郎先生、元財務大臣、元東洋大学総長）との約束があるからでもある。

「宮本武蔵に師匠はいなかった。君は全国を歩き、他流試合を通して心技体を鍛え磨き、一流一派を形成する人物になりなさい。」との松下翁の言葉が、たった一人でも戦い抜く私の精神力の源になっている。その言葉を支えに、私はひたすら草の根の政策提言活動を続けている。

二人の師の遺志を受け継ぎ、「減税」と「公民連携」など、先進的な自治体経営のモデルを示し、持続可能で幸福を実感できる日本にすることが私の夢だ。

健全財政は国や自治体が持続するための絶対条件である。首相や首長に経営手腕があれば、税収の範囲内で最適経営ができる。効率的で時代を先取りした国家経営・自治体経営ができれば、民間の経済活動が高まり、増税せずとも税収は増える。そして増えた税収を有効に使いながら年々貯えて行けば、財政再建や減税もできる。

それを実現するには、国民・市民が主権者として賢い選択をすることだ。合理的な政策と優れたリーダーをしっかりと選び、かつ選んだ政治家がちゃんと公約を果たしているか、その進捗状況もチェックしなければならない。

私は利益誘導に長けた旧来型の土着の政治屋ではない。まして、ひ弱な「エリート政治家」とは違う。会社員時代にも全国的規模で活躍してきたからこそ、他府県の事情や社会経済情勢も良く承知しており、広い視野と長期的な視点で日本の政治をチェックしている。

塩爺は亡くなる半年ほど前、財政再建・公共資産マネジメント・公民連携などの公約を掲げ、大きな選挙で堂々と戦う私に対し、「政策の切れ味や凄みなど、君はまさに宮本武蔵やな」と、笑いながら励まして下さった。

●選挙費用は全額自己資金　一寸法師のような戦い

直近では、丸二年間で四度（大阪市長選、東京都知事選、兵庫県知事選、神戸市長選）、一二ヵ月間で三度（兵庫県知事選、神戸市長選、西宮市長選）も大きな選挙で政策提言をした。

我ながらよく続くなと感心する。選挙に立候補することほど、時間とお金と労力を消耗し、個人的にはこれほど無駄なことはない。実際、何度も大きな選挙に出る私の資金力や精神力は一体どこから出ているのかと、記者の間でも話題になるらしい。

まず言えることは、私は、全額自己資金で戦うことを旨とし、政治資金を貰わず、選挙でお金を使わないことを徹底しているから、何とか資金的に続いている。両親から遺産を相続した訳でもなく、サラリーマン人生の細やかな給料を蓄え、上場株式などで運用した自己資金が全てだ。身銭をはたきながら、政策提言と有権者の意識改革運動を続けている私と、歳費・報酬をもらい、政党助成金や政務活動費をもらって活動する政党政治家とは覚悟が違う。

私は、選挙費用として大阪市長選で二七九万円、都知事選では二五七万円を使ったが、供託金を含めても各々六〇〇万円に満たない。私にとっては一大出費だが、他の政党候補者に比べたら、恐らく数十分の一以下の選挙費用だろう。手続きが面倒で使い勝手が悪い公費助成よりも、公のために立候補した者には、一定額の所得控除を設けてほしいところだ。

私が独自の先駆的政策を掲げて各地で戦うのは、全国の有権者に政治にもっと関心を持ってもらい、政策の違いが分かる有権者になってほしいからで、政策本位選挙を定着させるための使命感からやっているものだ。政治家の地位や職がほしくて、己のために立候補しているのではない。市民・国民の支持を得て、何としても実現したい全国初の様々な政策があるから訴え続けている。

自分のための選挙なら、アホらしくてとっくに止めている。

●候補者本人の政策や実力より組織力がもの言う選挙制度

都知事選では、東京都下に一四二〇〇箇所のポスター掲示板があり、その全てに少しでも早くポスターを貼ることから選挙戦はスタートする。ビラは三〇万部印刷できるが、配布するにはそのための要員が必要だし、証紙を一枚ずつビラに貼り込む作業が必要となる。選挙以前のこんな入口のところで、物量・資金力・組織力の差を公職選挙法が容認しているから、選挙にカネがかかる。ザル法の政治資金規正法と相俟って、「政治とカネ」の問題が後を絶たない訳だ。

日本の選挙制度がいかにカネと組織がないと戦えない仕組みか、無所属の候補者に著しく不利な仕組みか。私は大きな選挙で政党候補者と戦いながら、公職選挙法や政治資金規正法の改正の必要性も訴えている。

シガラミだらけの既成政党には本質的な改革を期待できない。配下に地方議員や支援団体などを沢山抱え、党組織に守られた主要政党の候補者と私とでは、そもそも政治家としての覚悟が違う。政策・実行力・候補者個人の力量では、彼らに決して劣らないとの自負もある。実際、公開討論会や街頭演説を聴き、政策を読み比べたら、中身の違いが歴然であることはご理解いただけるだろう。

●政策や主義主張はブレずに終始一貫している

私が都知事選で掲げた公約は、前年の大阪市長選でも掲げたもので、翌年の兵庫県知事選や神戸市長選でも同じ政策を掲げた。選挙の時だけでなく、前後数年間の私の言動も見てもらえれば、主義主張が一貫した本物の政治家か否かを分かってもらえると思う。

私の公約は、経営者なら当然理解し支持してもらえるものだが、一般有権者の多くの理解と支持があって初めて実現できる。

都の年間総予算額は一四兆円近い。行政の意思決定を早くして生産性を高めたら、相当の減税ができる。僅か二％でも生産性を向上するなり、二五兆円もの正味財産や公共空間の活用を進めれば、都民一人当たり少なくとも二〜三万円の減税が可能で、私は、固定資産税の減税と合わせ、都知事選の公約に掲げた。

高齢化時代、アクティブ・シニアのまちづくりも私が一貫して提唱してきた政策だ。食事・運動・予防医療で健康生活を促す「健康経営」によって、介護費や医療費を抑制しつつ、豊かな高齢者の健康的老後をサポート、高齢者もできることで社会貢献して多世代が支え合うことで、地域に雇用を創出する。

政策は尖がっているが、私自身は至極まともな人間であり、実際に会うと納得してもらえる。政策や身辺はキッチリとし、お金の面も綺麗だが、政界の常識からは別世界の人間と思われているのではなかろうか。

落選しても挫けず信念をもって大きな選挙を続けていること自体が、私の政治家としての芯の強さだ。会社員時代も、実直に質の高い仕事を全国レベルでこなしてきたと自負しているが、もし過去に何かスキャンダルや問題があれば、これまでの選挙戦の中でとっくに表沙汰になっている。

●危機的な日本の民主主義

多くの政治家の資質や言動、有権者の無関心、国と地方の財政赤字、緊迫する国際情勢などを見ると、日本の政治や民主主義は危機的状況にある。私には、日本社会が先々直面する困難や歩むべき道が見えるから、そして腐った政治を一日でも早く正したいから、ひたすら全国の有権者に訴え続けている。

政治の悪しき常識に染まらない経営者などが首長や国会議員になり、行財政改革を実践的に進めることが日本の再生には不可欠との思いが私にはある。

私より優秀で高学歴で、かつ金銭的にも裕福な人は数多いが、心ない人達から馬鹿にされてまで、世のために人のために貢献しようという人は少ない。だからこそ、それができる私が代わりに立候補するものである。当選できないから立候補しない、どうせ何を言っても世の中は良くならない、と諦めているだけでは、社会の向上発展や民主主義の深化を否定するに等しいことだ。

私の政策や人格に問題があって落選しているのではない。無所属でカネを掛けず、シガラミのない選挙には大きなハンディがあるのだ。選挙制度が変わり、有権者の政治意識も改まり、マスコミの報道姿勢が変わり、もっと公平で政策の違いが報道されるようになれば、私の掲げる政策はもっと注目され、広く支持される時が来ると信じている。

幸いにも、理解者やファンが年々各地に増えてきているのは有り難いことで励みになる。彼らが私の政治理念や政策に共感し、全国から発信・共振してくれることを願っている。

第五章　本気で投票しなければ、本物の政治家は生まれない

今年は選挙の年。四月に統一地方選、七月には参院選が予定されている。大阪では十一月には府知事選や大阪市長選が続く。市民・国民が自ら主権者として自治にコミットすること、投票によってしっかりと真面な政治家を選ぶことが大事だ。

●間違いだらけの政治家選び

政治は誰がやっても同じという人が少なくない。確かに、同じ事業を毎年繰り返し、目先の行政運営をするだけなら、誰が首長でも務まるだろう。だが、大勢いる議員と違って、知事や市長は自治体に一人しかおらず、誰をトップに選ぶか、その候補者がいかなる政策と実行力を持つかで自治体経営は劇的に変わる。

少子高齢化が進み、今後は税収減も見込まれる中、過去の借金を減らしつつ、子供たちや将来のために必要な投資もしながら、魅力的で利便性が高く持続可能な自治体に変える必要がある。その知恵と情熱と手腕のあるリーダーを選べるか否かで、自治体と住民の命運が決まる。

佐々淳行『私を通りすぎた政治家たち』によれば、政治家には、「政治家」（ステーツマン）と「政治屋」（ポリティシャン）の二種類があるという。権力に付随する責任を自覚し、ノーブレス・オブリージュ（高貴なる者の義務）を心得ている人は「政治家」であり、権力に付随する利益や享楽を優先して追求するのは「政治屋」だ。

一流の政治家とは、今の時代に影響を与えるだけでなく、将来にわたってその識見と行動が評価され続ける人物のことだ。江戸時代後期の大学者で、三千人の志士を育てたとされる佐藤一斎は、「世間第一等の人物」ではなく「古今第一等の人物」になれと、弟子たちを諭した。

国の将来を語る以上、歴史の評価に耐えられる人物でなければならない。見分を広め、見識を磨いて、公に対する高い志と強い使命感、そして命を懸けるほどの覚悟を持たねばならない。

物事を全体から俯瞰し、その本質を掴み取り、社会全体の最適解を導き出し、それを国民に理解し納得してもらう。その識見を備えた上で、己を捨てて公のために生きることのできる人物こそ、国の宝であり、本物の政治家であると思う。

●決められない政治　有権者の無関心が最大の原因だ

政治や行政を良くするための具体的方法や政策を政治家が示すのは勿論のこと、私は、有権者が投票に行って政策本位で選ぶこと、選んだ政治家が公約を守っているかチェックすることなどを通して、市民が発言・行動し、政治参加することの重要性を全国の有権者に訴え続けている。

政治改革や行財政改革が中々進まないだけでなく、政務活動費や補助金の不正など次元の低い政治の問題が多発しているのに、多くの市民が政治に無関心で、結果としてロクでもない政治屋が再生産されてきた。多くの有権者が投票に行って、政策本位で良い政治家を選ぶことが政治改革の原点だ。

日本の政治が劣化している最大の原因は、私たち有権者の無関心であり、投票を通して真に優れたリーダーを選んでこなかった、その積もり積もった結果だ。

東京や大阪の中心地で暮らし働き、政策研究もしてきた私から見ると、せっかくのポテンシャルを活かせていない自治体が何と多いことかと思う。今や、経済活動も人々の交流も行政の境界を越えてなされているのに、政治の世界だけは相変わらず土着の人達が自分たちの領域内のことだけを考え、それで良しとしている。それでは、いかにも政治の志が低過ぎるし、都市間競争に破れていずれ衰退化していくだろう。

たとえ、あなたが政治に無関心であっても、政治や行政と無関係では生きられない。誤った政治や行政のツケは結局、国民・市民が負わなければならない。自分の住む自治体の問題だけでなく、他の自治体の問題点や選挙報道さえも、わが街の自治やまちづくりを振り返る機会にできる。

私は井戸知事や久元市長などと敵対している訳ではないが、お二人の胸をそれぞれお借りして、兵庫知事選と神戸市長選に立て続けに立候補した。無投票でなく選挙で政策を戦わせてこそ、選挙結果に正統性が出る。市民が政治の現状を認識し、投票に行くためには有効な選択肢が必要で、私はそれを示してきた。他の候補者との違いが鮮明で、尖がった先駆的政策がある限り、私はこれからも立候補し政策提言を続ける。

●プリンシパルとエージェント

市民・納税者は自治の主体でありプリンシパルである。一方、首長や議員はその要望を預かり実現するエージェントである。主権者（有権者、株主）が財務データなど客観的で正確な情報に基づいて、自治体や会社の経営をチェックすることが、ガバナンスを機能させる大前提だ。政治や行政の現状をきっちりと認識・検証し、これからどうするかを、市民自身で考えるのが選挙である。それを疎かにして、お祭り気分の陣取り合戦や、勝ち馬を当てるような上っ面の選挙を繰り返してはならない。

候補者の中から当選者を決めることが選挙の目的ではあるが、投票行動を通して、一人でも多くの市民が自治体の現状を知り、あるべき将来を自分事として考えることの意義はもっと大きい。選挙で具体的な政策をどれだけキッチリと議論したか、市民の意識改革や「学習」がどこまで進んだかで、その後の政治や地域の将来は左右される。政治や行政への批判や不満を言うだけでは、何も変わらない。単なる信任投票や政治家の「首のすげ替え」だけでは今までの政治風土が続いてしまう。

私は、これまで各地の議会を傍聴したが、観衆（一般市民）がいない議会で馴れ合いの審議によって、今も税金の無駄遣いやバラマキが続いている。徹底した議会改革と行政改革が必要だが、土着政治に染まった人たちでは改革もチャレンジもできない。国会に至っては、時間と税金の無駄遣いの典型であり、時代遅れの形式的慣行により運営されている。

きちんと将来を考えられる見識高い議員が選ばれ、中味の濃い議会審議ができるようにしなければならない。日本国の将来と国民の利益を考えるべき議員が、政党や会派の思惑を優先してしまうのは実に情けない。「参院定数六増」などは、時代に大きく逆行する呆れたものだ。与野党を問わず、選ばれる側でありながら、自分たちに都合の良い仕組みをお手盛りで決める国会の有り様は間違っている。

●政治の質は、有権者の意識レベルの投影である

政治家の質は民度の反映であり、国民の意識以上の政治家は育たない。本来なら落選するような議員であっても、棄権者が多ければ政党や組織に支えられて当選できてしまう。それを許しているのも多数の有権者である。

有権者の過半が投票に行かず、チェックもしない白紙委任の政治が続いてきた結果、市民自治（シ

ビック・ガバナンス）が機能せず、お任せ政治で財政赤字が積み上がり、無駄な公共事業と投資の失敗が繰り返されてきた。

地域の自治力・市民力・地域力・民間力が高まってこそ、まちは元気になれる。防災・子育て・行政相談・各種手続き・地域活動などのために、市民と行政がスマホアプリやSNSなどで直接つながる仕組みを構築することを、私は選挙公約で毎回掲げてきた。これが進むと、市民の参画意識や自治意識が育ち、もっと便利で住みよい街、意見も言える街になる。

大阪市議会・東京都議会・兵庫県議会・神戸市議会など、財政規模の大きな自治体の政治がなぜ問題ばかり起こすのか。かつて税収が年々伸びてきた大都市では、無駄な事業が増え、財政支出が膨らみ続けてきた。議員要求や研究者・専門家の提案などを受けて、市民への給付やバラマキの事業が増えてきた。このようなソフト・バジェットは「大きな政府」に直結し、地域コミュニティの細々した支出まで税金で補うことができた。

一般市民の多くは都心に出勤し、帰宅したら寝るだけの生活スタイルが少なくない。それゆえ、有権者の多くは、地元の政治や地域課題などにほとんど無関心で投票にも行かない。その陰で、政治屋は利権にまみれ、税金の無駄遣いやバラマキを続け、議員報酬や政務活動費の額はお手盛りで決めてきた。

一般市民は問題が表面化して初めて事態を知り、これら出来の悪い政治屋の行状を非難する。しかし、不正やスキャンダルを起こす政治屋を生み出してきた政治風土や市民の政治意識にこそ問題の本質がある。市民・有権者が自治の主役であり、政治の当事者であるという自覚を持たなければ、問題は解決しない。

●なぜ日本の政治は良くならないか

その理由は実に簡単で、本当に改革できる政治家を選んでいないからだ。さらに言えば、行政をコントロールすべき政治家が、時代や社会の変化に立ち遅れているからだ。私は、二〇年も三〇年も議員をやっている人達に言いたい。ここまで日本の国家財政や地方財政が悪くなるのをどうして防げなかったのか。政治家でありながら、なぜ自ら政治改革ができないのかと。

財政再建のために増税する?それは愚の骨頂で、最悪の選択肢だ。増税で国民に追加負担を求める前に、まず政治や行政の無駄を省くのが筋だ。税収や税外収入を増やす工夫と努力をしよう。行政が遊ばせている資産や民間の力をもっと活用しよう。消費税を八%から一〇%に上げるのではなく、五%でもやっていける方策をまず考えよう。

肥大化した行政組織やサービスの取捨選択をしよう。効果が不明な事業は、一~三年できっちりと見極め、五~一〇年も続けてはいけない。年々のバラマキを止めて、企業や国民に自助努力を求めつつ、コンパクトな行政と俊敏な政治に変身しよう。

政治を良くするには、主権者(有権者)、政治家、そして選挙制度(公職選挙法、政党助成法、政治資金規正法など)を正さなければならない。

先ず、有権者が自分の事として政治参加し、賢い選択をすることが不可欠である。必ず投票に行って、政策本位・人物本位で候補者を選び、選らんだ政治家の活動や成果を後々までしっかりとチェックしていこう。

一方、政治家やその候補者には、公に対する高い志や政治理念とともに、具体的政策が求められる。そして、政策の優劣やそれを実行できる力量の有無が有権者に伝わる選挙制度でなければならない。

組織やカネがなくても無所属でも相応に戦え、真の競争が働く選挙制度にしなければ、既成政党や既存政治家だけの政治となってしまい、政治改革も行財政改革も進まない。

国民の意識以上の政治は育たない。政治を良くするには、先ず国民の意識改革が必要だ。賢明な国民と質の高い政治家が育ってこそ政治は良くなる。

日本の社会や役所や企業で自治力・統治力が低下し、チェック機構が十分に機能せず、ガバナンスが働かなくなっている。それは、トップや主権者（有権者や株主）の認識不足で自らの責務を果たしていないことに由来する。

市民の多くが政治に無関心でいると、政党や特定の市民に自治を独占されてしまう。真の競争に晒されず、手腕に欠ける人をトップに頂く組織は弱い。政党の談合により、アイデアも実行力もない人を首長に選んでいる限り、その自治体の改革や地域の発展は望めない。

●自治体経営は気付きと創意工夫の発露　首長次第だ

誰が首長になっても同じではない。現状の問題点に気付き、その解決策を考えて実行できる首長でなければ、改革は進まず、イノベーションは起こらない。地方自治が国政政党の下部組織に成り下がり、国の予算を取ってくるという発想で補助金依存を続けている地域では、役所は創造的な努力を怠り、地元企業の行政依存も強くなってしまい、地域の活力が一層低下してしまう。

都会か田舎かを問わず、古い土着の選挙が続き、政治に任せて知らん顔の市民が増えると、間違いなく地域力は低下する。市民の多くが自治や政治に無関心で、有権者の大半が投票に行かない結果、政党や各種団体の利害を背負い、支援を受けたシガラミだらけの候補者が選ばれてきた。そんな人では改革できるはずがなく、案の定、税収が豊かな自治体ほど、改革は先送りされ、その陰で自治体の放漫経営や議会のお手盛りが続き、市民が気づいた時には大きなツケ（借金）が回されてくる。これが、多くの自治体に共通する問題点だ。

政治が悪い、行政は怠慢だと文句を言う前に、それを放置し容認してきたことを私たち有権者は心底反省しなければならない。有権者が良い政治家を選ぶことが政治改革の出発点である。

役所の行財政改革が進まず、税金の無駄遣いは止まらず、年金や国保など社会保障制度が年々持続困難になり、借金財政が一層悪化している。かつての日本社会は、身近な問題は家族・親族・地域で助け合って解決していた。福祉施策が増え、国民の行政依存が進んだ結果、行政が肥大化し、ソフト・バジェットにより財政赤字は拡大していく。リーダーシップや先見性に欠ける首長、意思決定が遅くピンボケの議会、非効率な行政は、経済の足かせとなり、市民の将来負担が高まってしまう。

●失政のツケはいつも市民・納税者に回ってくる

市民が気づいて行動すること、有権者が投票を通して積極的に政治参加することでしか、政治や行政を正せない。選挙は当該地域の政治を正す機会であるとともに、他都市や全国の有権者が自らの自治や政治を振り返るチャンスでもある。有権者・市民が普段から政治に関心を持ち、投票にも行って政策本位で良い政治家を選び、その働きぶりをしっかりとチェックすれば、政治は良くなる。有権者がそのことを自覚しなければ、同じ失敗が繰り返され、ツケはいつも市民・納税者に回ってくる。

発想豊かで経営手腕のある人が首長になれば、政治は劇的に変わり、地域経済にも活力が生まれる。納税者の苦労が分かる首長になれば、税金の無駄遣いはなくなる。経済に明るく才覚あるリーダーに代われば、街は元気になる。意味の薄れた規制を緩和し、許認可手続きなど行政の意思決定を速めれば、行政は効率化されて税金の安い自治体となり、民間の経済活動も活発になる。行政が新たな社会課題にチャレンジし、企業や市民の知恵と力も積極的に活用することで、社会にイノベーションが起こり、新たなビジネスや産業を創造することもできる。

これからの都市経営をどうするかの政策を論争せず、立候補の顔ぶれや勝ち馬を云々するだけでは、意義ある選挙とは言えない。政策を語らない名前の連呼だけの選挙、政党候補者がビラやポスターなど物量で有利に戦う選挙、問題の上っ面だけを囃し立てる劇場型選挙など、いつまで続けるのか。こんなことを続けていては、市民の自治力が退化し、市民意識と遊離した政策が繰り返される。その成れの果てが、今の日本政治のお粗末な実態だ。

たとえ、人は社会や政治に無関心であっても、誰も社会や政治と無関係ではいられない。未来を変えられるのはあなた自身だ。

●政治を良くしたいなら、こんな人を選んではいけない

① 公私の区別ができない者
② 志・使命感・情熱がない者
③ 品性・品格・識見がない者
④ 理念・政策を、自分の言葉・経験から語れない者
⑤ 信念・信義を貫けない者
⑥ 社会・現場を知らない者
⑦ 口先ばかりで立ち回る者

また、あなたがこんな人なら、政治家を目指してはいけない。

平成二九年の兵庫県知事選は現職が五選され、神戸市長選は現職が再選された。いずれも総務省（旧自治省）出身の行政マンで、これでは行政はますますマンネリ化し、時代を先取りする自治体経営はできない。経済や民間ビジネスが分からない人に真の経済活性化などできず、補助金

をばら撒く行政が今後も続くだろう。

その結果、市や町までが国や県からの補助金に依存し、いつまでたっても自立できない活力なき自治体に成り下がってしまう。納税者の苦労が分かる人でなければ、税金の無駄遣いは止められない。まして、政党や各種利害団体の支援を受けて当選した人では、微調整の政治しかできない。

政治改革のためには、

① 候補者は政策や公約を具体的に明示して戦い
② 有権者は投票に行き政策本位で選び
③ 無所属の新人でもお金を掛けずに戦える選挙制度に変えて
④ 選ばれたリーダーは公約を誠実に履行し結果を出し
⑤ 市民はそれをしっかりチェックする

ということが不可欠である。このサイクルが連鎖してこそ日本の政治を再生できる。選挙で新知事や新市長を選んで終わるのではなく、むしろそこからが「自治」のスタートである。

●無投票の多選は論外　全国初「選挙条例」のススメ

政治に無関心な市民が多く、かつ投票率が低いことは、各種団体や労組などの支援を受けている既成政党の候補者に有利に作用する。新規参入や競争性が確保され、各候補者の人物や力量の差が出るような新しい選挙制度が必要だ。

私は、既成政党を批判する以上、政党に属し推薦を受けることを潔しとせず、新しい政治スタイルと自治体経営を目指し、落選を恐れず政策提言を続けているが、完全に無所属で、お金も組織もない私のような候補者でも、不利なく政策論争できる選挙環境を提供するのが、選挙管理委員会の本来の役割ではないか。

私が知事や市長になれば、全国初の「選挙条例」を定めて、志と政策と能力があれば、金や組織に頼らずとも、政策本位選挙ができる仕組みを構築して、一般市民の政治参加を促す。公選法が規定する「選挙運動」のやり方も古過ぎて、時代に合っていない。「選挙公営」とは言うものの、候補者が政策を語り、有権者に告知する機会（選挙インフラ）が公平に確保されていない。

「選挙条例」では、各候補の組織力や資金力に関係なく、公平に政策論争ができる環境を用意することなどを選挙管理委員会に義務付ける他、立候補予定者には各地で開催される公開討論会への参加を義務付ける。

投票率アップのための形ばかりの啓発活動では実効性はない。討論会に参加した人や、投票に行った人には、一人五千円～一万円の市民ポイント（インセンティブ）を、電子的な地域通貨の形で給付する。これによって棄権率を地方選挙なら三割以下、国政選挙なら二割以下に減らし、投票率を格段にアップできると私は考えている。

投票ポイントは一見、税金を余計に使うと思われるかも知れないが、私が考えているポイントは、既に公共サービスとして提供されているサービスを受けられる権利に置き換えるものであり、新たな財政支出は必ずしも必要ない。

過去三回以上、正当な理由なく投票に行かなかった人には、何らかのペナルティを科す。例えば、一定期間は一部の市民サービスの利用を制限することや、過料を取ることも考えられる。これらは公職選挙法などが改正されることが望ましいが、条例を定めて特区的な試みとして独自にスタートさせる。

義務投票制のオーストラリアでは、棄権者には二〇豪ドルを請求し、仮に判決が出たら五〇豪ドルを請求される。シンガポールは選挙人名簿から抹消される。ベルギーやルクセンブルクは棄権回数に応じて罰金が重くなる。

●投票や立候補を促す全国初の数々の仕組み

一定得票数がありながら落選した人には、本人が希望すれば三年間職員として働けるなどの全国初の仕組みも用意する。一昨年、選挙権年齢が一八歳に引き下げられたが、若者の政治的無関心や投票率の低さなどは解消されていない。健全な民主主義を育て、政治のインフラを強化しなければ、日本の将来が危うい。

各政党にとって、自治体選挙は自党の地方組織の要であり、傘下の地方議員や首長を一人でも多く当選させておくことが、国政選挙を制する鍵となるため、党の事情で地方選挙が動いていく。だが、それでは、政党の下部組織としての土着政治に牛耳られ、市民不在の政治が続くことになる。組織力・資金力のある政党候補者が断然有利となる現行制度の欠点を補い、候補者個人の政策・

力量・見識の差がもっと明確に表れる公開討論などを、条例で義務付けようというのが私の一貫した公約である。

選挙情報が等しく広く伝わり、かつ投票率が飛躍的に向上する仕組みに変える。例えば、全ての候補者の選挙ポスターは選管が一括して貼り付け、掲示板の設置個所数も投票所などに限定すれば、選挙管理委員会や各候補者の負担も減らせる。将来的には、デジタルサイネージを活用した電子ポスターや電子選挙公報、政見放送のアーカイブ化などを進めるべきだし、インターネット投票も然り。公費助成も一律定額にすれば、各候補者や選挙管理委員会の事務も大幅に合理化できる。

そして、全国初の「議員在職定年制度」を設けて、連続三期または通算五期で議員定年とし、議会の新陳代謝を促す。この選挙条例ができると、有権者不在のまま、政党主導で進められてきた地方の首長選挙が姿を消し、投票率は劇的に向上する。その結果、市民の意識が自治や政治に向いて、地域力や市民力が高まると考える。

●選挙公報や供託金など、選挙制度自体が時代遅れ

今やデジタル時代、選挙公報はせめて写真製版の完成原稿を提出させれば、選管での後工程が簡素化でき、選挙公報の配布期間も短縮できるのに、各選挙管理委員会は、いまだに旧式の原稿規格（紙形式の原稿と写真）を要求する。

選管に提出する書類は一枚一枚に分けられ、その都度日付・記名・捺印を求められるが、書類を集約すればせいぜい三〜四枚で済む内容で、実に馬鹿げた書類の山だ。公職選挙法とその施行規則や総務省選挙部の指導に従い、各都道府県の選管、さらには各区市町村選管でほぼ同じやり方を踏襲しているため、改善や工夫の余地がそもそも排除されている。

驚くのは、大阪市長選の選挙公報の紙面は何と縦一五・五㎝×横一八㎝の小ささだ。行政課題が山積する大政令市の市長選の選挙公報としてはいかにも貧弱だ。兵庫県知事選ですら縦一五・二㎝×横三八㎝の紙面が確保されているのに、大阪市ではこれまでいかに政策を語らない選挙が続いてきたかの証左である。ちなみに、加西市長選の選挙公報は、私が市長時代に選管に提案してスペースを約二倍に拡充した。

日本の選挙の供託金額は、諸外国に比べて異常に高すぎる。供託金制度自体も、法務局ではなく銀行に委託するか、選挙管理委員会に直接デポジットする仕組みに変えるなど、選挙に関わる諸手続きの簡素化を図るべきだ。

最新のＩＣＴや認証技術やブロックチェーンなどを駆使すれば、相当なことが間違いなくできる。手続きの簡素化は、候補者と選管事務局の双方に歓迎されるべきことなのに、戦後に定められた公選法とその施行令や通達などによって自縄自縛に陥ったまま、選挙のたびに壮大な無駄が繰り返されている。

私は、数々の全国初の独自政策を掲げ、それを実行する十分な覚悟と能力をもって、毎回立候補してきた。当選だけが目的ではなく、投票を通して政治参加する市民、賢い選択のできる有権者を増やし、自治や民主主義を深化させることが究極の目的だ。既成政党や既存政治家に有利になっている選挙制度の問題点を有権者に知ってもらい、政策・人物・能力本位でリーダーを選ぶ選挙風土に変える。言い換えれば、組織やカネに頼る選挙を止めて、候補者個人の政策や力量を戦わせる選挙に変えたいのだ。

●日本で最も変革が遅れている政治の世界

街中を歩いていると、「次はどこの選挙に立候補するのですか?」「これからも頑張って下さいね。」などと、見知らぬ市民からもよく声を掛けられる。私は、縁もゆかりもないところでの選挙には今後も立候補しないが、自治体経営の新しいモデルを示すため、私の政策が先駆的かつ独自性がある限り、選択肢を提供しながら、全国の有権者に考えてもらう活動をこれからも続けていく。

市民の政治参加が進み、市民力が高まってこそ、自治は深化する。現代日本では、会社経営も自治体運営もガバナンスが十分に働かなくなっている。これは、政治家や経営者の責任であるだけでなく、主権者（有権者や株主）が自らの責務を十分に果たしていないからでもある。投票を棄権したり、政治に無関心な市民が増えると、間違いなく地域力や自治力が低下し、結局そのツケは結局、市民の元に返ってくる。

日本で一番変革が遅れているのは政治の世界だ。政治の貧困と行政の非効率が民間の経済成長を阻害している。政治を良くするには、主権者である市民・納税者の積極的な政治参加が不可欠だ。政治の現状をきっちりと検証せず、選挙を疎かにし、投票にも行かずして、選挙を何度やっても政治は良くならない。

政治家が年々小粒になり、正論やあるべき政策を堂々と主張できる人物が少なくなり、誰もリスクを取って行動しようとしない。役所の形式主義・前例主義・官尊民卑・現場軽視・タテ割り組織など、改革を阻害している制度や組織風土なども変えなければならない。真の競争やチャレンジを避ける社会では、イノベーションが生まれず、衰退の一途を辿る。全ての問題と解決策は現場にあるのに、現場を知らない政治家が、現場から一番遠い国会で机上の議論をするのでは、政治が誤った決定をするのも当然だ。

我々現役世代には立派な社会を後世に残していく責務がある。新たな発想でイノベーションを起こしたり、公民連携によって社会的課題を解決したり、行政サービスの質と生産性を上げるするところに、民間ビジネスの分野で育った私の存在価値がある。都市開発、地域創生、事業再生、自治体の経営改革、資産マネジメントなどは、正に私が学びビジネスで実践してきたことであり、活動のフィールドが民間企業から自治体に変わっただけだ。

市民とともに政治を考え、自治を市民の手に取り戻すことが私のミッションであり、街を元気にし、日本を美しく誇り高い国にして、次世代に引き継ぐことが私のライフワークである。

成長戦略により地域経済を活性化させ、投資増・消費増・雇用増・税収増を図りながら、同時に財政再建と行政サービスの向上を進めよう。恐れながら、私にはその実績がある。

あとがき

私は、終戦から一〇年後に誕生した。もし父が戦死していたら、私はこの世に生まれなかった。あと五年もすれば戦争経験者の殆んど全員が他界する。日本の政治の現状は、命を賭して守ろうとした先人たちは勿論のこと、将来世代に対しても申し訳ない状況にある。

世の中には、収入も少なく日々の仕事に追われ、言いたいことも言えない国民が多い中で、政治家には、国民のために、将来の日本のために考え、行動しなければならない使命ある。私は、世の中の構図が分かるだけの社会経験を積み、たまたま先々を考えて行動でき、言うべきことを言える環境にある点で恵まれている。

「負け戦」にも挫けることなく、私が草の根の活動を続けているのは、政策の価値を世に問い、有権者に気付いてもらい、それによって市民自治を深化させる使命があるからだ。

政治や民主主義の基本は自治にある。志の高い「志民」の力で新しい市民自治を構築し、自治体経営を正すことが、日本の政治を良くする正道だと思う。賢い選択をできる国民が増えれば、結果として私のような政治家が選ばれる時が来る。また、来なければ、日本の未来は惨憺たるものになるだろう。

私が尊敬する歴史上の人物は伊能忠敬だ。彼の偉業や、太平洋戦争中に命懸けで日本を守ろうとした先人の苦難に比べれば、何度落選しても何ということはない。私が中々当選できないのは、私の人物・政策・能力に問題がある訳ではなく、組織力・資金力・知名度の無さ、無所属であることのハンディゆえだと思っている。当選のために小高しく振舞うのではなく、これからも日本の将来のあるべき姿を語っていきたい。

艱難辛苦は覚悟の上で私が政策提言を続けるのは、自身の当選が目的というより、社会を良くするためである。当選しても、従前と同じ次元の行政をするのであれば、私が知事や市長になる必要は全くない。私が提唱している全国初の様々な独自政策や新たな発想によって、行政や社会の課題を創造的に解決すること、言い換えれば、「行政のイノベーション」ができないなら私が公職に就く意義はない。

政治家への道程や歩み方は人それぞれだろう。風に乗って早々当選しても、結局何もできず、むしろ問題ばかり起こす政治屋は数多いる。たとえ在野でも、国民に本質や真理を説いて回る本物の政治家が必要だ。政治家は職業や家業ではない。社会を変革・向上するための理念と政策、そして使命感を持って提唱・実践する者こそ真の政治家だと私は思う。それゆえ、政治家の真価はむしろ無冠の時に表れる。逆境不遇や苦しい時こそ、人は学び成長できる。公職にない今はそのチャンスだと思っている。

私は学生時代、北アルプスの麓「安曇野」で過ごした。山々に降った雪や雨が小さな沢になり川となって、やがて大海に流れて世界に通じる。一滴の水の波紋が、やがて日本人を目覚めさせ、社会を変革できるかも知れない。今後も大義のために後半生を捧げることに悔いはない。

国民の弛まぬ努力がなければ、日本の民主主義は劣化していく。問題に気付いた者が行動する。市民が賢くなり、もっと社会のこと、将来のことを考えて自治に参画するようになれば、私が掲げ続けている政策はきっと実現できる。

有り難いことに、私の信念や政策や実行力を信じる人達からは強く支持されるようになってきたが、道程は依然として遠い。私を応援する方々は何ら見返りを求める人達ではないし、私も世の中を良くすることでしかお返しできないが、一体いつになったら、これまでお世話になった皆さんに心底喜んでもらえるだろうか。私を育てて下さった諸先輩は年々鬼籍に入られていく。

「人生における失敗者の多くは、諦めた時にどれだけ成功に近づいていたかに気づかなかった人たちである。」（トーマス・エジソン）

「成功の要諦は、成功するまで続けるところにある。」（松下幸之助）

私の戦いはこれからも続く。

出典・参考

〔注1〕「名目GDPで比較した日本経済の国際的位置づけ」（ＩＭＦの統計数値）
https://www.globalnote.jp/post-1409.html

〔注2〕「世界時価総額ランキング２０１８」
https://www.180.co.jp/world_etf_adr/adr/ranking.htm

〔注3〕厚生労働省「平成二七年度 国民医療費の概況」
https://www.mhlw.go.jp/toukei/saikin/hw/k-iryohi/15/dl/kekka.pdf

〔注4〕財務省「国民負担率（対国民所得比）」
https://www.mof.go.jp/budget/topics/futanritsu/sy3002a.pdf

〔注5〕財務省「国及び長期債務残高」
https://www.zaisei.mof.go.jp/num/debt/tid/3/

〔注6〕国税庁「二八年分 民間給与実態統計調査結果」
https://www.nta.go.jp/information/release/kokuzeicho/2017/minkan/index.htm

〔注7〕Ｗａｙｍｏ自動運転
https://waymo.com/

〔注8〕サンディ・スプリングス市ウェブサイト
http://www.sandyspringsga.gov/

〔注9〕まちもん
https://www.fixmystreet.jp/

〔注10〕総務省「平成三〇年度政党交付金」
https://www.soumu.go.jp/main_content/000540733.pdf

参考文献

オリバー・ポーター著、根本祐二・サム田渕監修、東洋大学PPP研究センター訳『自治体を民間が経営する都市』時事通信出版局、二〇〇九年八月
原著："Creating the New City of Sandy Springs" 並びに "Public/Private Partnerships for Local Governments" (AuthorHouse: 2006 and 2008)
ラウル アリキヴィ、前田陽二編著『未来型国家エストニアの挑戦　電子政府がひらく世界』インプレスR&D、二〇一七年三月
山本尚史「進化型レジリエンス及び頑健性のある地域経済」『地域活性学会研究大会論文集』第八号、一九八―二〇一頁所収、二〇一六年九月二日―四日発表

著者　中川《なかがわ》 暢三《ちょうぞう》　プロフィール

前加西市長（2 期）、元大阪市北区長。

完全な無所属無党派の改革派。

現在、一般社団法人兵庫総合研究所 政策顧問、早稲田大学パブリックサービス研究所招聘研究員、東洋大学ＰＰＰ研究センター客員研究員、プラチナ構想ネットワーク特別会員。

昭和 30 年 11 月 30 日生まれ、兵庫県加西市出身、信州大学経済学部卒業、松下政経塾、鹿島建設を経て地方自治の世界へ。北条鉄道㈱社長時代、全国初の「ボランティア駅長」制度を発案するなどアイデアマン。大阪市在住。

東久邇宮文化褒賞受賞。

ツケは必ずあなたに回る

政治に無関心な人たちへ

ISBN978-4-909818-04-1
平成 31 年 1 月 31 日 初版第 1 刷発行

著　者：中川《なかがわ》 暢三《ちょうぞう》

発行人：鈴木 雄一
発行所：はるかぜ書房株式会社
〒 140-0001
東京都品川区北品川 1-9-7 トップルーム品川 1015 号
TEL: 050-5243-3029 DataFax: 045-345-0397
E-mail: info@harukazeshobo.com
Website: http://www.harukazeshobo.com
印刷所：株式会社ウォーク